着回すセットアップ

山口　智美
Tomomi Yamaguchi

文化出版局

Contents
目次

01
ボレロジャケット
Photo...P.4, 6, 7
How to make...P.34
Pattern...Side A

04
レースボレロ
Photo...P.8, 19
How to make...P.40
Pattern...Side B

09
ボウタイブラウス
Photo...P.16
How to make...P.52
Pattern...Side B

10
シアーブラウス
Photo...P.11, 17, 24
How to make...P.54
Pattern...Side B

03
オールインワン
Photo...P.8, 14
How to make...P.38
Pattern...Side C

05
キャミサロペット
Photo...P.10, 27
How to make...P.42
Pattern...Side C

06
エプロンドレス
Photo...P.11, 25
How to make...P.46
Pattern...Side C

07
キャミサロペット
Photo...P.12, 31
How to make...P.42
Pattern...Side C

08
バイカラーワンピース
Photo...P.15
How to make...P.48
Pattern...Side C

02
ショートパンツ
Photo...P.4
How to make...P.37
Pattern...Side B

13
タックパンツ
Photo...P.20, 22, 23
How to make...P.64
Pattern...Side B

14
タックパンツ
Photo...P.19, 24, 32
How to make...P.64
Pattern...Side B

12
ジャケット
Photo...P.20, 25
How to make...P.58
Pattern...Side A, D

15
ドレスコート
Photo...P.26,27
How to make...P.68
Pattern...Side A, D

11
比翼あきブラウス
Photo...P.4, 18
How to make...P.56
Pattern...Side B

16
ベスト
Photo...P.10, 28, 30
How to make...P.72
Pattern...Side A, D

18
カーディガン
Photo...P.31, 32
How to make...P77
Pattern...Side A, D

17
ナロースカート
Photo...P.7, 28
How to make...P.74
Pattern...Side D

大人カジュアルにツイードのセットアップとブラウス

01 ボレロジャケット

オーバーサイズのボックスシルエットのツイードジャケット。カフス裏以外は裏なしに仕立てることで素材の厚みと重さを軽減しました。裁ち端利用のフリンジでハンドメイドならではの遊びをプラス。

01
ボレロジャケット
How to make P.34

＋

02
ショートパンツ
How to make P.37

＋

11
比翼あきブラウス
How to make P.56

02 ショートパンツ

01と同素材で作ったワイドシルエットのショートパンツ。ハイウエストで広めな裾幅なら、大人も挑戦しやすい着こなしが完成。オフィスやママ友とのランチの席に大活躍。

ジャケットにTシャツ&
デニムでカジュアルダウン

01
ボレロジャケット
How to make P.34

ジャケットにナロースカートを
合わせてレディな着こなし

01
ボレロジャケット
How to make P.34
＋
17
ナロースカート
How to make P.74

オールインワンとボレロの
異素材セットアップ

03
オールインワン
How to make P.38

＋

04
レースボレロ
How to make P.40

03 オールインワン

ノースリーブのオールインワン。肩先を出すことで上半身を華奢に見せてくれます。光沢のあるキルティング風の素材で、ゆったりとしたワイドシルエットのパンツにすれば、かっこいい大人の一着。

04 レースボレロ

ショート丈の身頃と、袖口のひもで袖丈のアレンジが楽しめるボレロ。甘くなりがちなボレロも、方眼状のメッシュレース素材にメタルボタンを使うことでモード感とクールな印象を与えます。

05

キャミサロペット
How to make P.42

+

16

ベスト
How to make P.72

幾何学柄のキャミサロペットに
フレンチスリーブのベストで都会的に

05 キャミサロペット

03のオールインワンの身頃をアレンジ。2本つけで安心感のある着用ができる肩ひもは調節可能なアジャスターつき。ややエッグシルエットのパンツが今風です。

06 エプロンドレス

細いつりひもを後ろウエスト部分でクロスしながら締め上げ、後ろ姿もかわいいエプロンドレス。スカートはハイウエストにギャザーを入れ、裾側も切り替えてふんわりバルーンシルエットにしました。

06
エプロンドレス
How to make P.46

+

10
シアーブラウス
How to make P.54

シアーブラウスをエプロンドレスにはおって

07

キャミサロペット

How to make P.42

07 キャミサロペット

05と同じパターンで作った素材違いのキャミサロペット。コットンローンのレース地で、夏のリゾートウェアとして最適な着心地。パンツの腰回りには透け防止のため裏布をつけて。

コットンレースのキャミサロペットは最強のリゾートウェア

07
03
Body Par Variation
06
08

03
オールインワン
How to make P.38

Tシャツをインしてカジュアルに

08 バイカラーワンピース

袖とウエストにランダムにタックをたたんだタックがモード感あふれるワンピース。張りのあるチェック柄の布ととろみのあるブラックの布で、セットアップにも見える袖と身頃のバイカラー使いが新鮮です。

一枚で主役級！セットアップ風バイカラーワンピース

08
バイカラーワンピース
How to make P.48

09 ボータイブラウス

前身頃から裁ち出した大ぶりなボーが華やかさを添えるブラウス。平織りのベースに、細かなストライプ模様のある軽やかで張りのある存在感のある一枚に。素材はきれいなピンク色で。

09

ボータイブラウス

How to make P.52

Tops

10 シアーブラウス

はおりものとしてかさばらず、一枚で着るシャツとしてはもちろんインナーとしても重宝する、透ける素材の前比翼あきのウエスト切替えブラウス。袖口を絞ってブラウジングさせ、ニュアンスをプラス。

10
シアーブラウス
How to make P.54

I Love

11 比翼あきブラウス

ボリュームたっぷりのねじりバルーンのカフスが華やかなブラウス。前中心のあきを比翼仕立てですっきりさせることで、カフスのデザインを強調しています。

11

比翼あきブラウス

How to make P.56

Tops

04 レースボレロ

04 のボレロのパターンも実は、**09**、**10**、**11** のブラウスの裾側を省いたパターンアレンジ。身頃の裾と袖口は、方眼状のメッシュレースを損なわない巻きロックの始末に。

04 + 14

レースボレロ
How to make P.40

タックパンツ
How to make .P64

12
ジャケット
How to make P.58
＋
13
タックパンツ
How to make P.64

12 ジャケット

さらっと軽やかにはおれる裏なしのテーラードジャケット。ウエストのタックでペプラム風な着こなしも楽しめます。また、ラペルをボタンどめすればシャツカラーになり印象がガラリと変わります。

13 タックパンツ

ウエストベルトに通したゴムテープでサイズ調整ができるワイドシルエットのパンツ。裾口にとったボタンをとめると、流行のカービーパンツとして楽しむことができます。

テーラードジャケットとタックパンツの
マニッシュなセットアップ

13

タックパンツ
How to make P.64

サスペンダーをつけて
ハンサムな着こなし

ハイウエストで裾を広げた
ワイドな着こなしで足長効果を

13

タックパンツ

How to make P.64

14 タックパンツ

13のタックパンツと同じパターンをそのまま使い、真っ白なコットンツイルの素材で。スポーティな装いにもキレイめな装いにも通年を通して重宝する一着。

コットンツイルのホワイトパンツ+シアーブラウスで涼やかに

14
タックパンツ
How to make P.64
+
10
シアーブラウス
How to make P.54

12
ジャケット
How to make P.58
+
06
エプロンドレス
How to make P.46

エプロンドレスにジャケットを合わせてきちんと感をプラス

15 ドレスコート

12のジャケットパターンの着丈をそのままのばしたコートドレス。裾のラウンドカットとたっぷりの蹴回しが華やかさをプラス。ベルトと袖口ベルトを締めたワンピース風の着こなしには存在感のある小物を添えました。

15

コートドレス

How to make P.68

テーラードドレスコートをワンピースに

15
コートドレス
How to make P.68

＋

05
キャミサロペット
How to make P.42

ロング丈のテーラードドレスコートはサロペットにも◎

16

ベスト
How to make P.72

＋

17

ナロースカート
How to make P.74

16 ベスト

肩先が落ちたフレンチスリーブに、腰回りがふんわり丸みをおびたフォルムのベスト。衿ぐりをすっきり見せるVラインの前あきと、後ろ身頃の脇縫いに挟んだウエストの飾りベルトがポイント。

17 ナロースカート

16と同素材で作ったナロースカート。Iラインの長いスカート丈ですが、後ろ中心に深めのベンツを入れて、歩きやすい蹴回しを確保しました。**16**とセットアップの着こなしでフォーマルにも。

ベストとナロースカートの
クールなブラックセットアップ

16
ベスト
How to make P.72

How to make P.72

ベストをカットソーに重ねた
カジュアルな着こなし

18 カーディガン

16 のベストのパターンにふんわりした袖をつけたカーディガン。オフショルダーの袖は袖口にタックを入れて膨らませ、裏側でパイピング始末をしただけ。身頃のウエストを細く見せる効果も。

サロペットとトーンを合わせたカーディガンのリラックスコーデ

18

カーディガン

How to make P.77

07

キャミサロペット

How to make P.42

18
カーディガン
How to make P.77

+

14
タックパンツ
How to make P.64

カーディガンを
ホワイトパンツに合わせて

作り始める前に

この本で紹介した**01〜18**の作品の作り方は34〜79ページで解説しています。各デザインのパターンは下のヌード寸法表のS 、M 、L 、2L 、3Lにグレーディングされて付録の実物大パターンのA面、B面、C面、D面の中に入っています。また、一部の作品は同じパターン線を利用しています。デザインによって一部の線が単独になっていますので注意して写し取ります。写したい線をマーカーなどでなぞり（図1）、ハトロン紙などの別紙に写し取ります(図2)。その際、合い印や布目線も忘れずに写します。バイアス布やひもなどは裁合せ図の中にある寸法でじか裁ちしてください。

ヌード寸法 （単位はcm）

サイズ	S	M	L	2L	3L
身長	157	160	163	166	169
バスト	78	82	86	90	94
ウエスト	58	62	66	70	74
ヒップ	86	90	94	98	102
袖丈	53	54	55	56	57

〈パターンサイズの選び方〉

自分のヌード寸法を元にパターンサイズを選びます。作り方ページには出来上り寸法を表記していますので、バスト、ウエスト、ヒップの各寸法を確認し自分のサイズに当てはまる大きいほうのサイズを選んでください。

〈パターンの作り方〉

この実物大パターンには縫い代がついていません。作り方ページの裁合せ図に入っている縫い代寸法をつけて縫い代つきパターンを作ります(図2)。縫い代幅に合わせ、裁切り線を平行につけますが、タックをたたんだときの縫い代の形がとても重要になりますので丁寧につけてください(図3)。

〈裁断、合い印、印つけ〉

裁断は布地を中表に二つに折り、縫い代つきパターンをのせて重しで押さえ、パターンにそって裁断します。ただし薄くて柔らかく動きやすい布地や厚手の布地、小さいパーツはチョークで裁切り線をしるし、パターンを外して裁断する方法もあります。どちらの場合も基本的に印つけはしませんが、出来上り線にある合い印は、布端に直角にノッチ(0.3cmくらいの切込み) を入れます。タックの縫止りのようにパターンの内側にある印はチョークペーパーを布の間にはさみ、目打ちやルレットでしるしましょう。

図1 パターンの写し方（01のLサイズの場合）

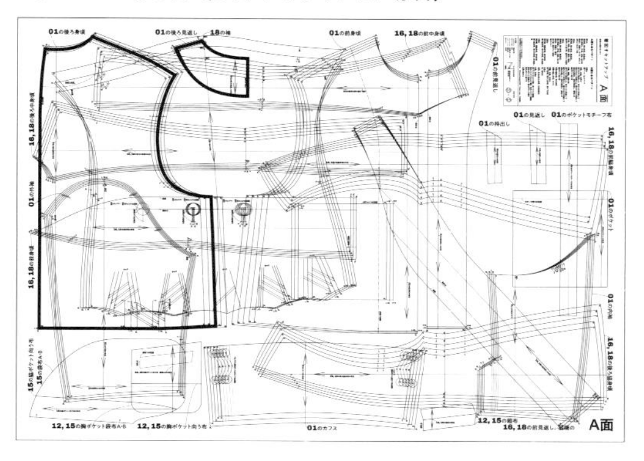

図2

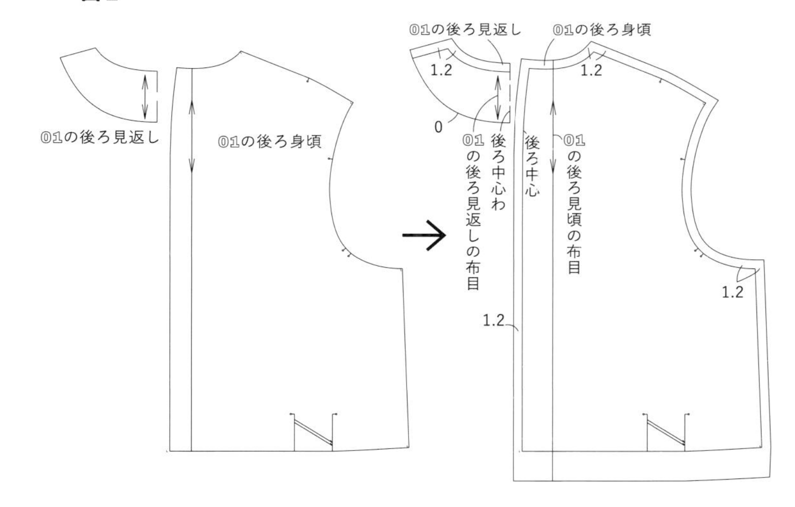

図3

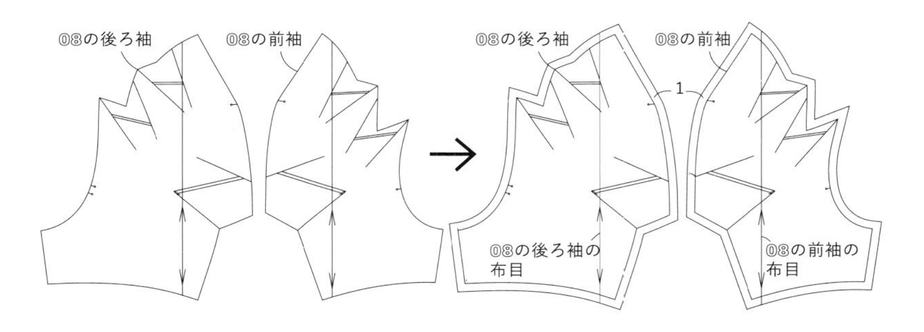

01 ボレロジャケット

P.4, 6, 7 実物大パターンはＡ面

◆ 材料

表布　71ツイード（Kion Studio ANNEX）：145cm幅1m60cm
別布（スレキ）：100cm幅50cm
接着芯：90cm幅1m30cm
滑脱防止テープ（STK6°ハーフバイアステープ）：2cm幅 7m
くるみスナップ：直径1.5cm 4組み

◆ 作り方

準備

・前身頃、後ろ衿ぐり、裾縫い代、前見返し、後ろ見返し、表カフス、裏カフス、袖口あきの持出しと見返し（表布、別布とも）、ポケットつけ位置に接着芯をはる
・後ろ中心、肩、脇、袖ぐり、袖切替えの縫い代に滑脱防止テープをはる
・後ろ中心、肩、脇、裾、袖切替え、前見返し、後ろ見返しの奥、袖口あきの持出しと見返しの上端にロックミシンをかける

作り方順序

1 ポケットを作り、つける。モチーフをつける
2 後ろ身頃のタックをたたみ、後ろ中心を縫う
3 肩、脇を縫う（p.60参照）
4 前端、衿ぐりにフリンジをとめ、見返しと合わせて縫い返す
5 裾を二つ折りにしてまつる
6 袖の切替えを縫い、あきを作る
7 フリンジをはさんでカフスを作る
8 袖口布を袖につけ、くるみスナップをつける
9 袖をつける

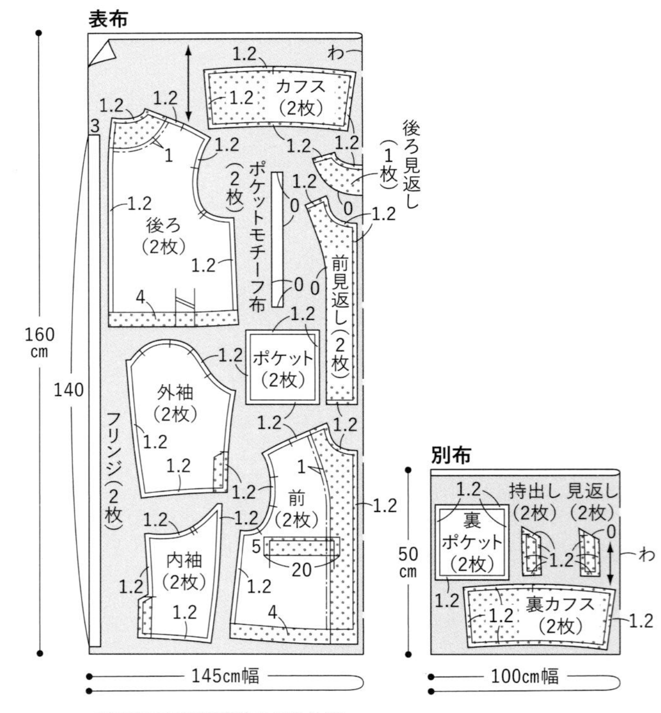

＊▒は接着芯をはる位置

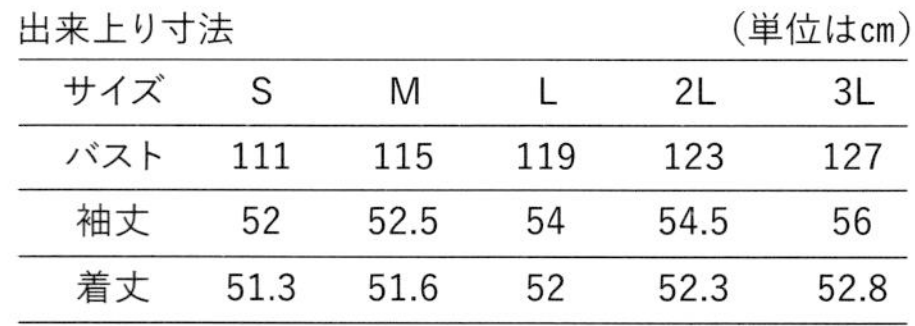

出来上り寸法（単位はcm）

サイズ	S	M	L	2L	3L
バスト	111	115	119	123	127
袖丈	52	52.5	54	54.5	56
着丈	51.3	51.6	52	52.3	52.8

＊着丈は後ろ中心の衿ぐりからの長さです

滑脱防止テープ

（STK6° ハーフバイアステープ 20㎜幅50m巻き）

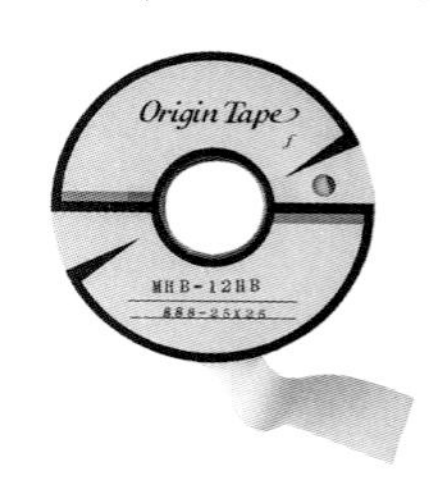

縫い目に力が加わると布地が引っ張られて開いてしまう現象を防ぐためのアイロン接着テープです。滑脱が起きやすい織りの粗いツイードなどの素材に、縫い目を補強する目的で使われます。

準備

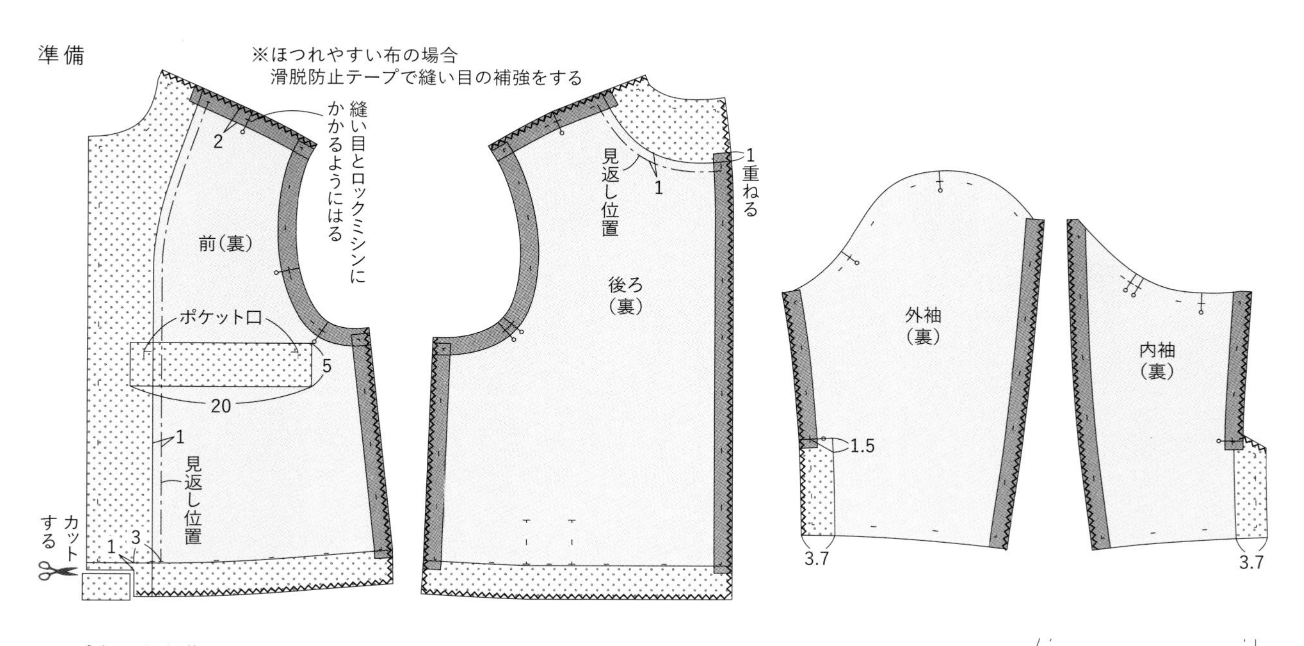

1　ポケットを作り、つける。
　モチーフをつける

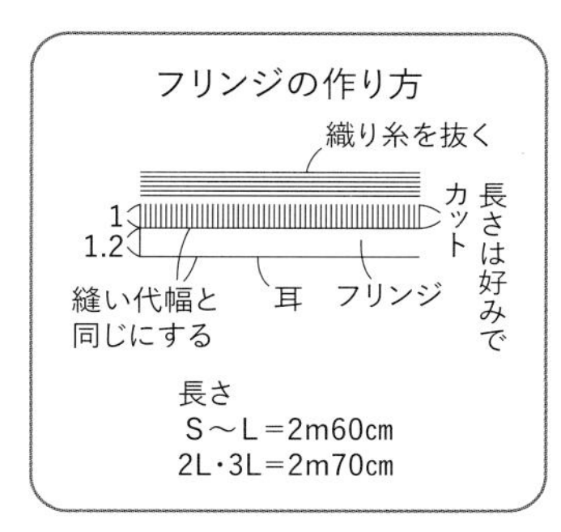

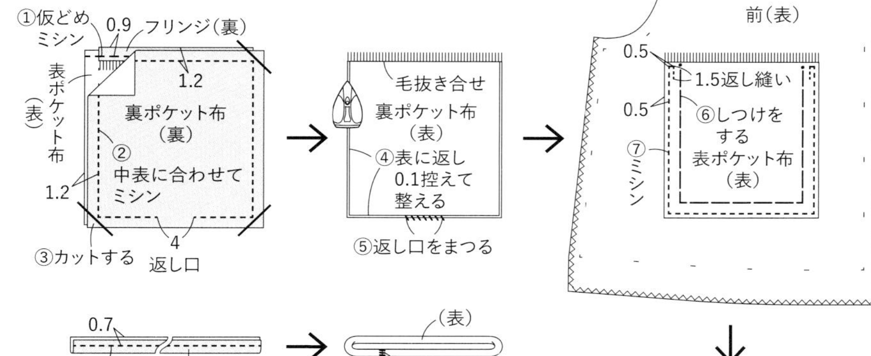

2　後ろ身頃のタックをたたみ、
　後ろ中心を縫う

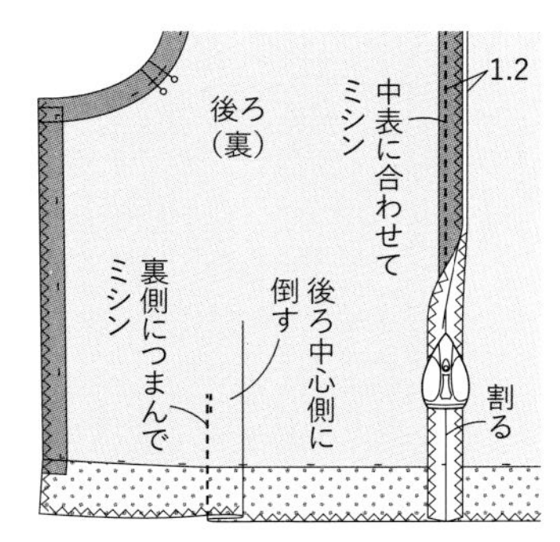

3　肩、脇を縫う
　（p.60参照）

4　前端、衿ぐりに
　フリンジをとめ、
　見返しと合わせて
　縫い返す

5　裾を二つ折りにしてまつる

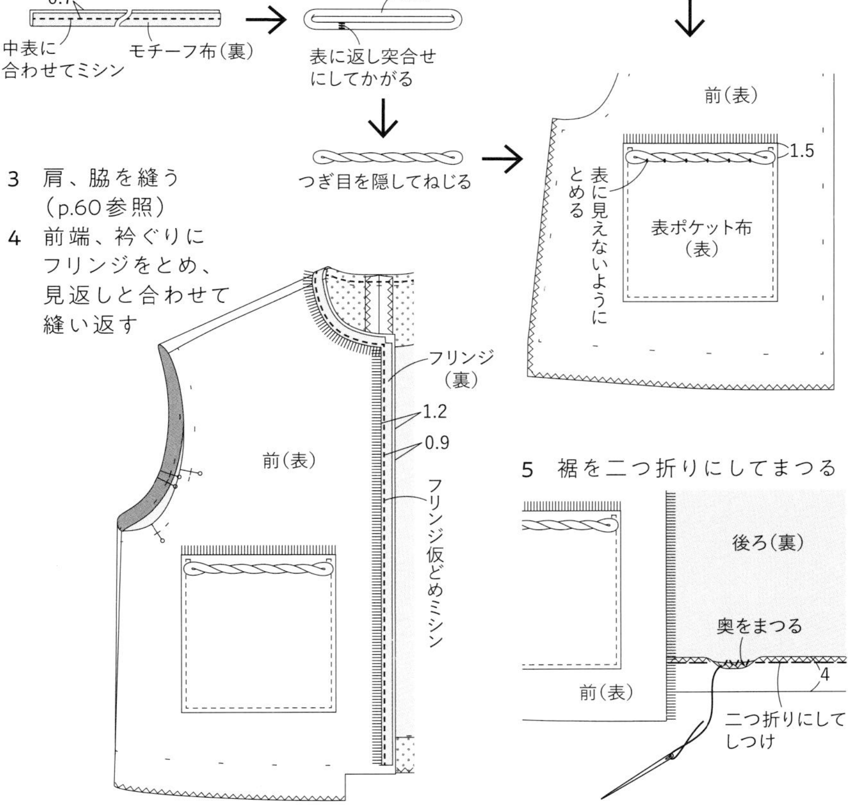

6　袖の切替えを縫い、あきを作る

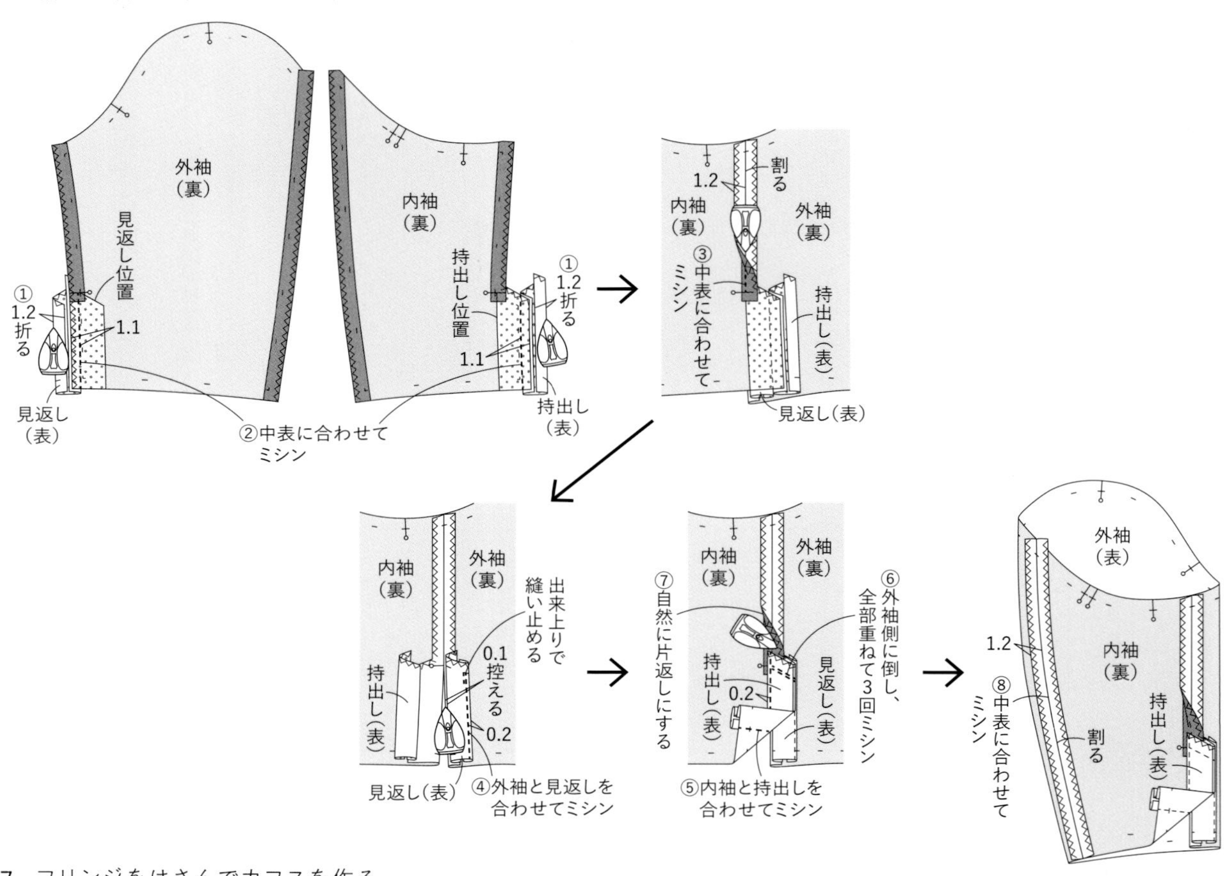

7　フリンジをはさんでカフスを作る

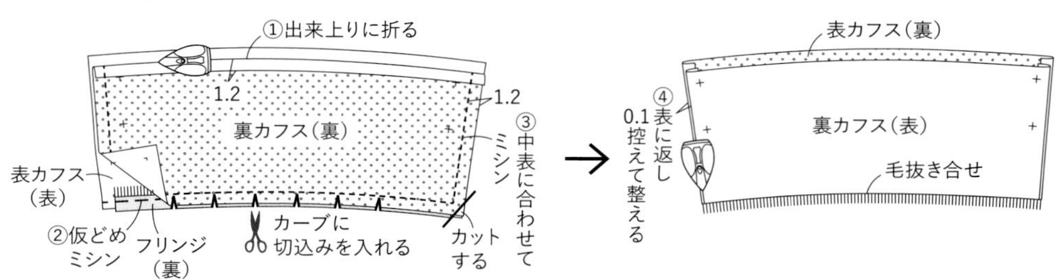

8　袖口布を袖につけ、くるみスナップをつける

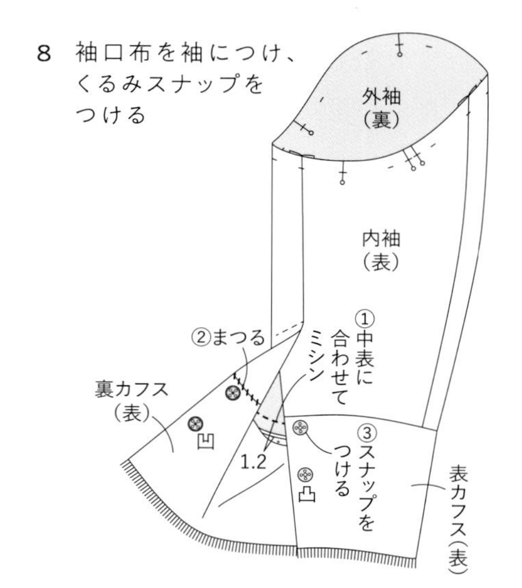

9　袖をつける

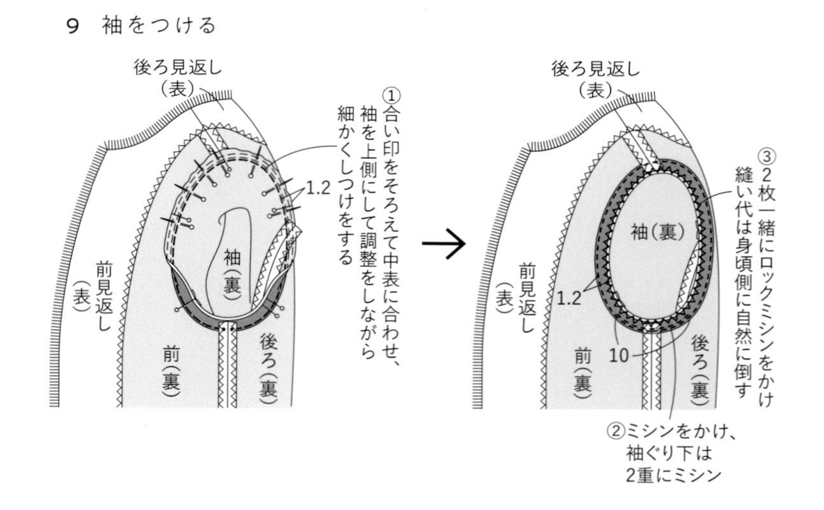

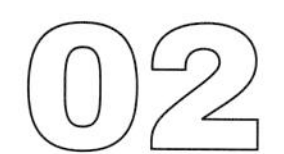

02 ショートパンツ

P.4　実物大パターンはB面

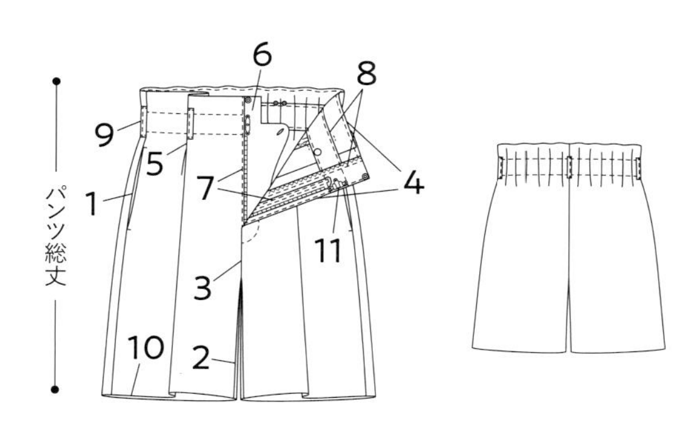

◆ 材料

表布　71ツイード（Kion Studio ANNEX）：145cm幅1m40cm
別布（スレキ）：100cm幅60cm
接着芯：90cm幅40cm
接着テープ：ストレート1.2cm幅 80cm
滑脱防止テープ（STK6°ハーフバイアステープ）：2cm幅 5m10cm
ストッパーつきファスナー（p.66参照）：18cm 1本
ダブル前かん：1個
ボタン：直径1.5cm 3個、**スナップ**：直径8mm 1組み
ボタンホールゴム：2.5cm幅 60cm

◆ 作り方

準備

- 後ろウエスト見返し上、後ろウエスト下、前ウエスト見返し上、前ウエスト見返し下、表前あき持出し、裏前あき持出し、前あき見返しに接着芯をはる
- 前後股ぐり、前後脇、前後股下の縫い代に滑脱防止テープをはる（p.34、35参照）
- 前脇ポケット口、ファスナー位置に接着テープをはる
- 前後パンツの脇、股下、股ぐり、裾にロックミシンをかける

★10以外はp.64 13・14 タックパンツ参照

作り方順序

1　脇を縫い、脇ポケットを作る（p.75参照）
2　股下を縫う
3　前あきを残して股ぐりを縫う
4　左前に前あき見返しを合わせ、一緒にウエスト見返し上をつける
5　ウエストのタックを縫う
6　前あき持出しを作り、ファスナーの片方を仮どめする
7　右前に持出しをつけ、見返しにファスナーの片方をつける
8　ウエスト見返し下をつけ、前あきのステッチをかける
9　ベルトループを作り（p.63参照）、つける
10　裾をまつる（図参照）
11　ボタン穴を作り、前かん、ボタン、スナップをつける。後ろウエストにボタンホールゴムテープを通す（p.67参照）

出来上り寸法　（単位はcm）

サイズ	S	M	L	2L	3L
股上	34	34.2	34.5	34.7	35
ウエスト全長	78.5	82.5	86.8	90.5	94.5
ヒップ	94	98	102	106	110
パンツ総丈	53.8	53.8	55.3	55.3	56.8

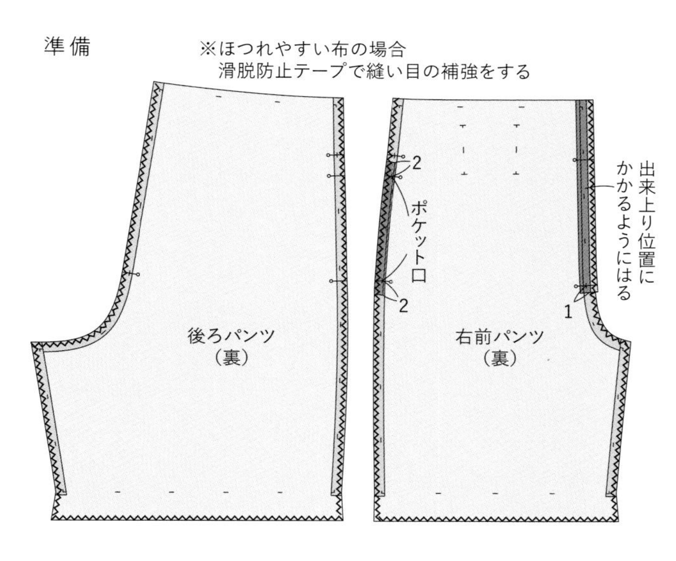

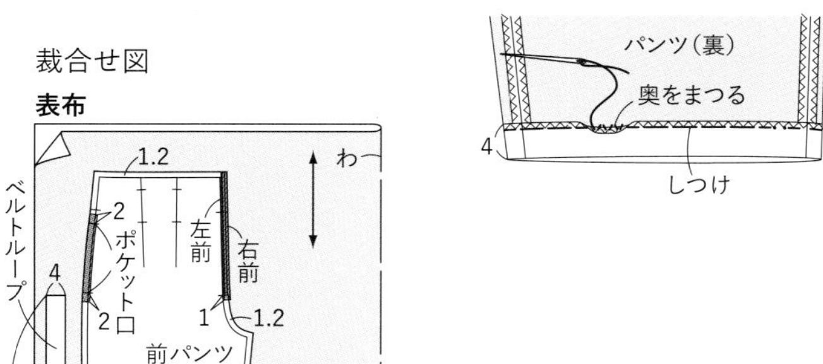

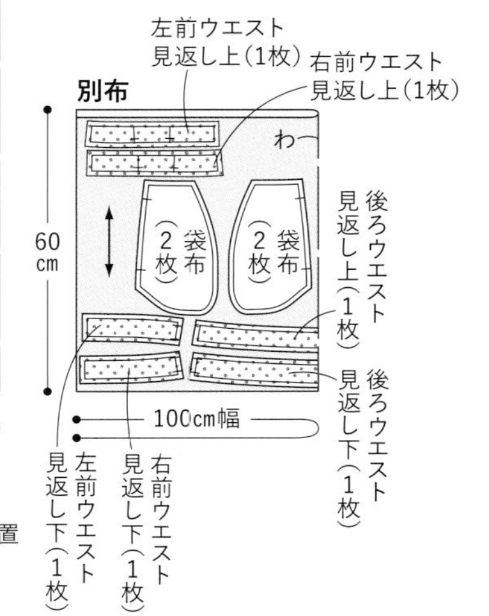

03 オールインワン

P.8, 13, 14 実物大パターンはC面

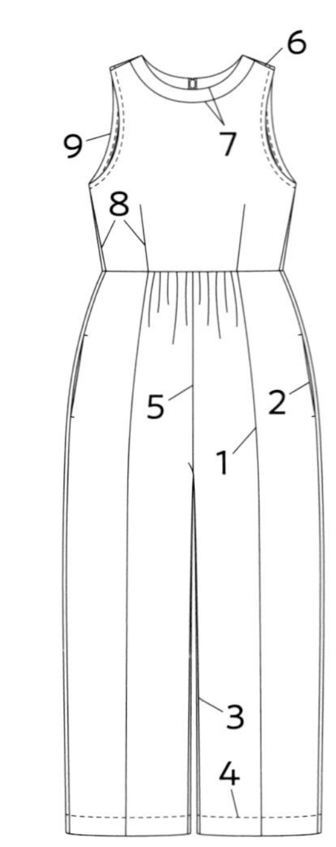

◆ 材料

表布　ブライトキルティング調ジャカード（宇仁繊維）：134㎝幅S・M・L 2m70㎝、2L・3L 2m80㎝
別布（キュプラ）：90㎝幅40㎝
接着芯：90㎝幅30㎝
接着テープ：ストレート1.2㎝幅 40㎝
コンシールファスナー：56㎝ 1本
ゴムテープ：3㎝幅 30㎝

◆ 作り方

準備

・表衿ぐり切替え、裏衿ぐり切替えに接着芯をはる
・身頃の肩、脇、裏衿ぐり切替えの奥、後ろ当て布、パンツの脇、股下、股ぐり、裾にロックミシンをかける

作り方順序

1 パンツの切替えを縫う（p.43参照）
2 パンツの脇を縫い、脇ポケットを作る（p.70参照）
3 股下を縫う
4 裾を二つ折りにして縫う
5 股ぐりを縫う（p.43参照）
6 身頃、衿ぐり切替え布の肩をそれぞれ縫う（p.50参照）
7 衿ぐり切替え布と身頃を縫い合わせる（p.50参照）
8 前身頃のダーツを縫い、脇を縫う
9 袖ぐりをバイアス布で始末する
10 後ろ当て布をつけ、ウエストを縫い合わせる
11 コンシールファスナーをつける（p.45参照）
12 ゴムテープを通す

裁合せ図

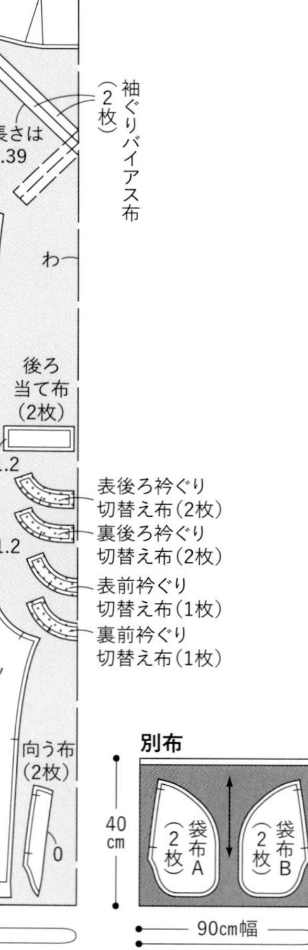

＊指定以外の縫い代は1cm
＊▒▒は接着芯をはる位置
＊▒▒は接着テープをはる位置

出来上り寸法　（単位はcm）

サイズ	S	M	L	2L	3L
バスト	86	90	94	98	102
ウエスト	68	73	78	83	88
ヒップ	129.3	133.7	138.2	142.7	147.2
着丈	130.6	131.3	135.5	136	139.6

＊着丈は後ろ中心の衿ぐりからの長さです

1　パンツの切替えを縫う（p.43参照）
2　パンツの脇を縫い、脇ポケットを作る（p.70参照）
3　股下を縫う
4　裾を二つ折りにして縫う

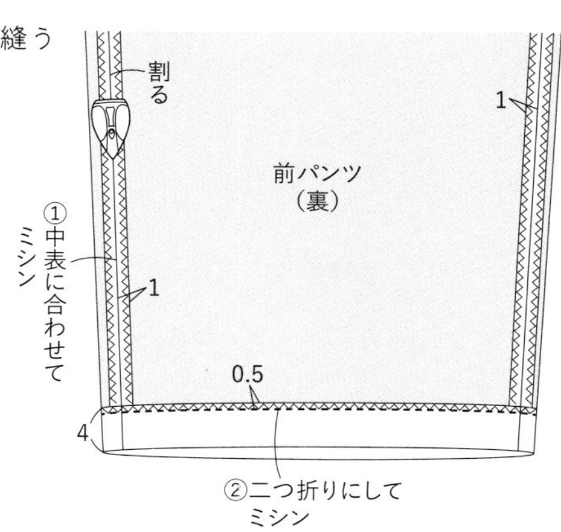

5　股ぐりを縫う（p.43参照）
6　身頃、衿ぐり切替え布の肩をそれぞれ縫う（p.50参照）
7　衿ぐり切替え布と身頃を縫い合わせる（p.50参照）

8　前身頃のダーツを縫い、脇を縫う
9　袖ぐりをバイアス布で始末する

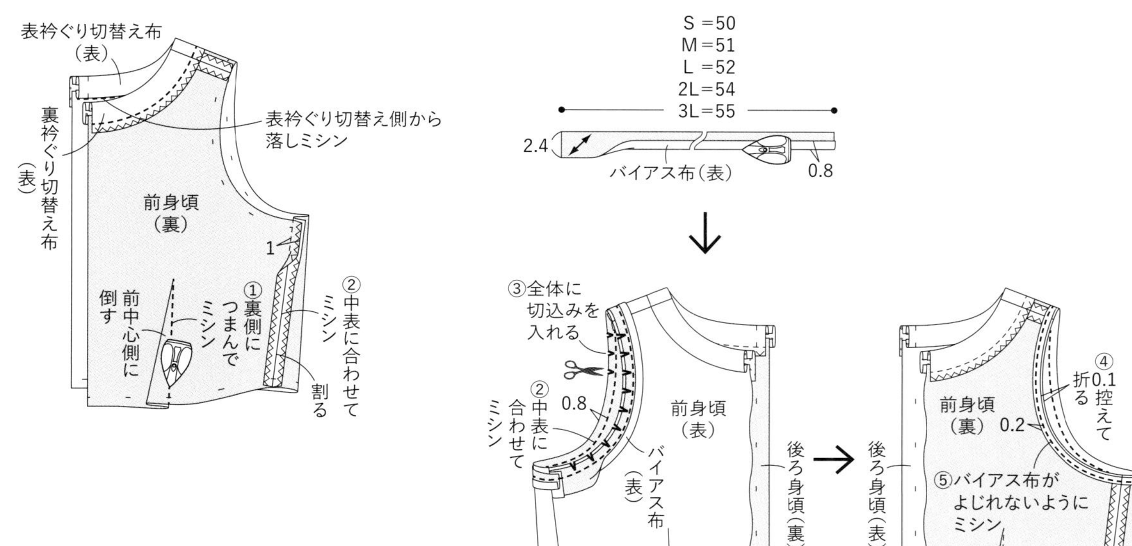

10 後ろ当て布をつけ、ウエストを縫い合わせる

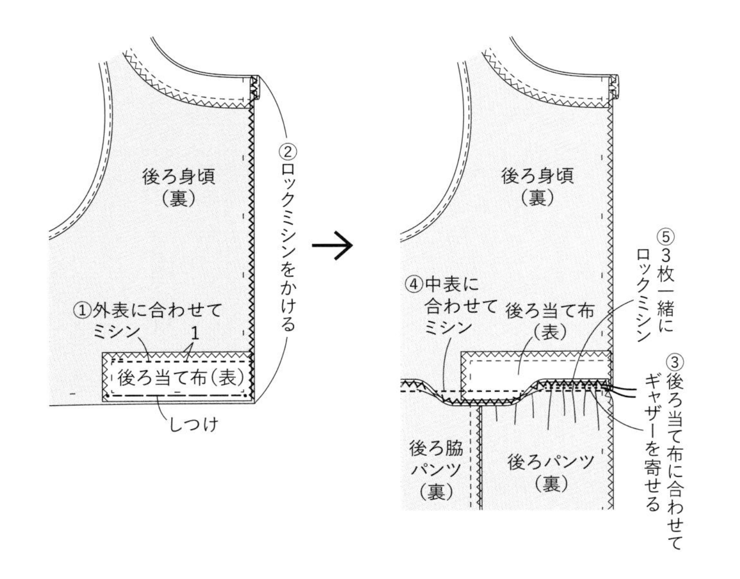

11　コンシールファスナーをつける（p.45参照）
12　ゴムテープを通す

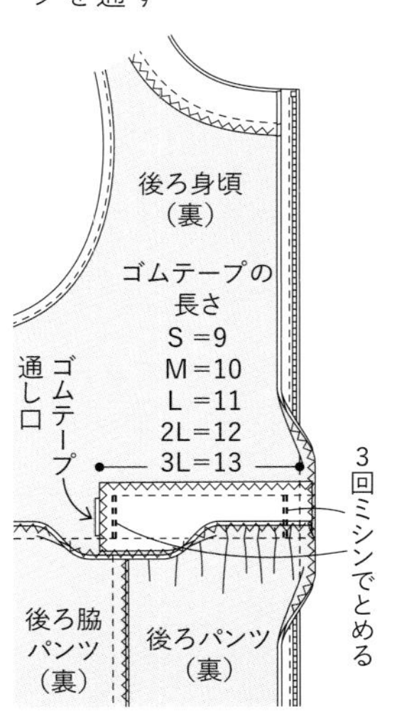

レースボレロ

P.8, 19 実物大パターンはB面

◆ 材料

表布　ポリエステルメッシュ（宇仁繊維）：110㎝幅1m30㎝
別布（サテン）：110㎝幅50㎝
ボタン：直径1.3㎝ 3個

◆ 作り方

準備

・前後身頃の裾、袖口に縫い代をカットしながら巻きロックをかける

作り方順序

1 布ループを作る（p.60参照）
2 肩、脇を縫う（p.54参照）
3 衿ぐりをバイアス布でくるむ
4 右前端に布ループをとめつけ、前端布で縫い返す
5 袖口ひもを作り（p.55参照）、袖につける
6 袖を作る
7 袖をつける（p.53参照）
8 ボタンをつける

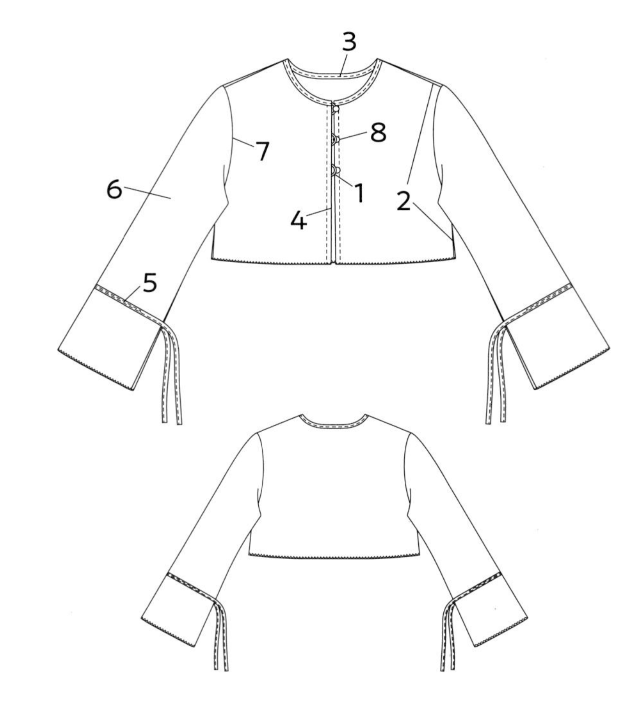

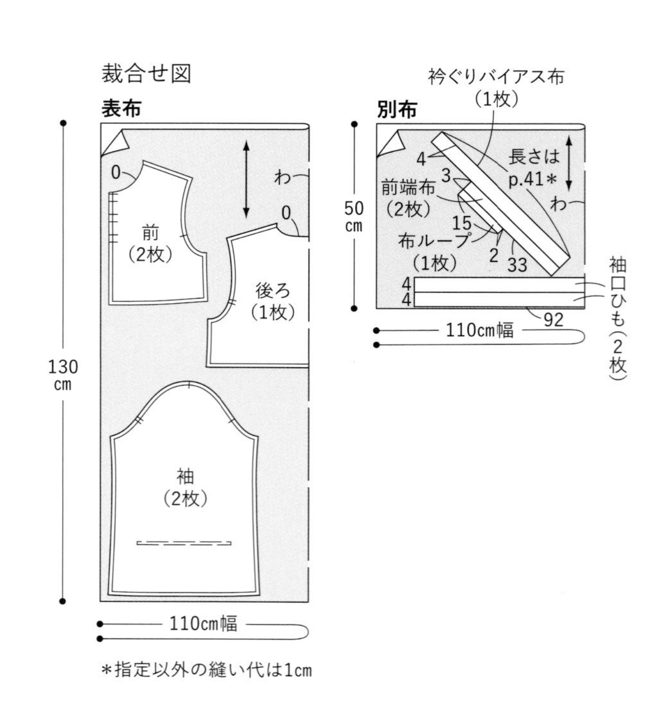

＊指定以外の縫い代は1㎝

出来上り寸法　（単位は㎝）

サイズ	S	M	L	2L	3L
バスト	91	95	99	103	107
肩幅	38.6	39.5	41	42.2	43.4
袖丈	54.5	54.7	56.5	56.7	58.5
着丈	34	34.3	34.5	34.8	35

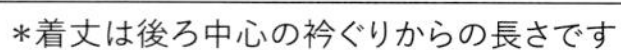
＊着丈は後ろ中心の衿ぐりからの長さです

1　布ループを作る（p.60参照）
2　肩、脇を縫う（p.54参照）

3　衿ぐりをバイアス布でくるむ

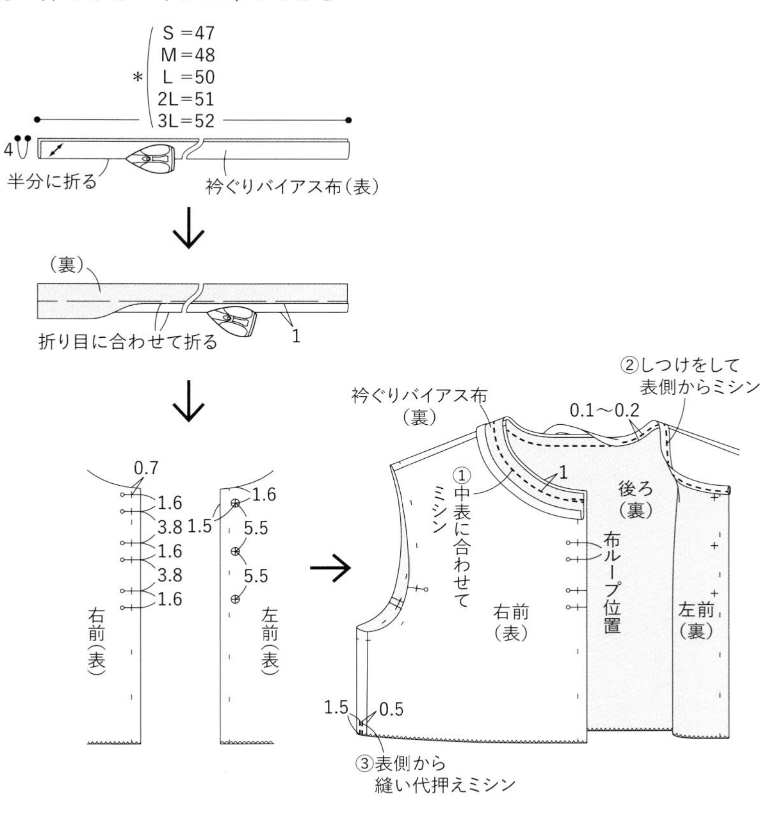

4　右前端に布ループをとめつけ、前端布で縫い返す

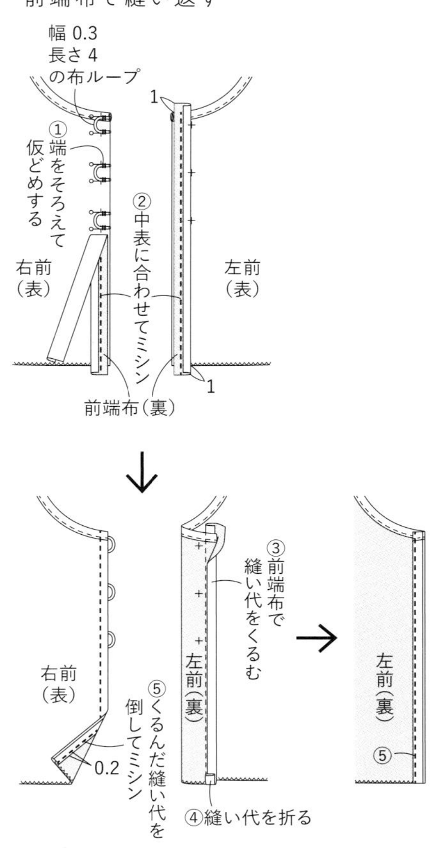

5　袖口ひもを作り（p.55参照）、袖につける

0.3
0.8
①いせミシン
袖（表）
②ひもの中心と袖の中心を合わせてひもつけ位置にのせしつけをして両側にミシン
1
長さ90の袖口ひも
巻きロック

6　袖を作る

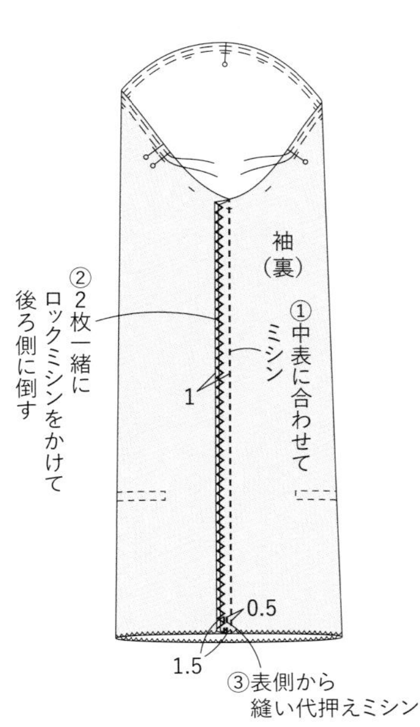

7　袖をつける（p.53参照）
8　ボタンをつける

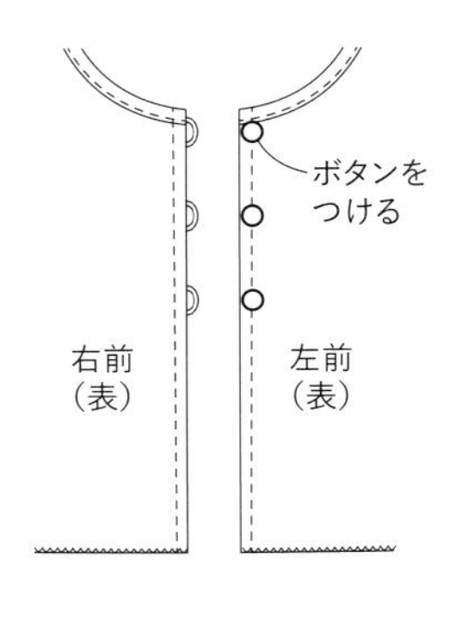

05・07 キャミサロペット

05 P.10, 27, 07 P.12, 31　実物大パターンはC面

◆ 材料

05の表布　ストレッチカルゼ（宇仁繊維）：140cm幅S・M・L 2m30cm、2L・3L 2m40cm
07の表布　60ローンレース（宇仁繊維）：94cm幅S・M・L 3m40cm、2L・3L 3m50cm
別布（ローン）：100cm幅70cm
07の裏布：122cm幅S・M・L 1m70cm、2L・3L 1m80cm
接着テープ（裏身頃の上端）：ハーフバイアス1.2cm幅S・M・L 1m10cm、2L・3L 1m20cm
（前脇ポケット口）：ストレート1.2cm幅 40cm
ゴムテープ：8コール幅 25cm
コンシールファスナー：56cm 1本
丸かん：4個
8かん：4個

◆ 作り方

パターンの準備
・07の裏パンツは実物大パターンがないので、裁合せ図を参照して表パンツの切替え位置で突き合わせてパターンを作る

準備
・裏身頃の上端、裏前脇ポケット口に接着テープをはる

作り方順序
1 表パンツの切替えを縫う
2 裏パンツの裾を三つ折りにして縫い、表パンツに裏パンツを裏打ちする（07のみ）。パンツの周囲にロックミシンをかける
3 パンツの脇を縫い、脇ポケットを作る（p.70参照）
4 股下を縫う（p.39参照）
5 裾を二つ折りにして縫う（p.39参照）
6 股ぐりを縫う
7 肩ひもを作る
8 表前身頃の切替えには前切替え布をはさみ、裏身頃の切替え、脇をそれぞれ縫う
9 肩ひもをはさみ、身頃の上端を縫い返す
10 脇のくり部分にゴムテープを通す
11 ウエストを縫い合わせる
12 コンシールファスナーをつける

出来上り寸法　（単位はcm）

サイズ	S	M	L	2L	3L
バスト	83	87	91	95	99
ウエスト	70	74	78	82	86
ヒップ	129.3	133.7	138.2	142.7	147.2
着丈	131.2	131.5	135	135.3	138.8

＊着丈は後ろ中心の首つけ根からの長さです

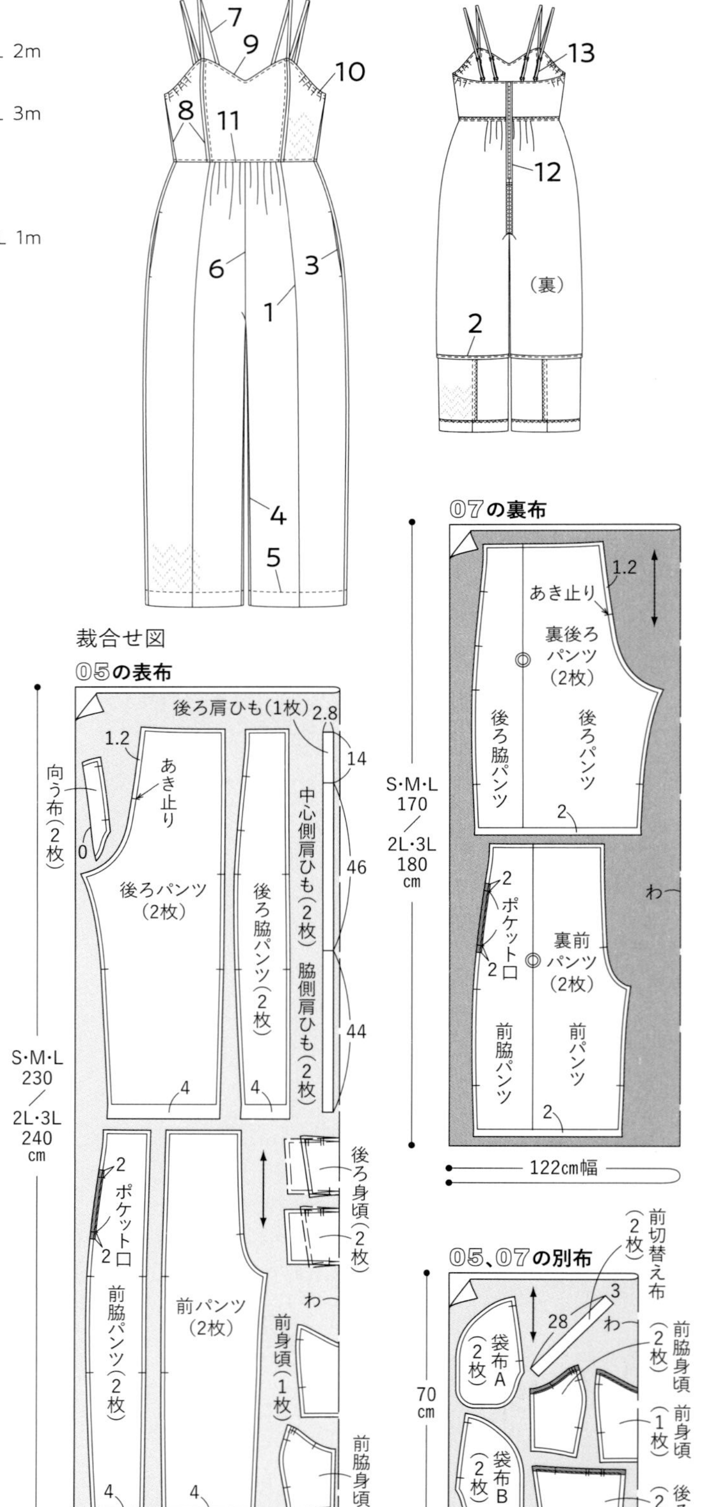

＊指定以外の縫い代は1cm
＊▓▓は接着テープをはる位置

1　表パンツの切替えを縫う

2　裏パンツの裾を三つ折りにして縫い、表パンツに裏パンツを裏打ちする（07のみ）。パンツの周囲にロックミシンをかける

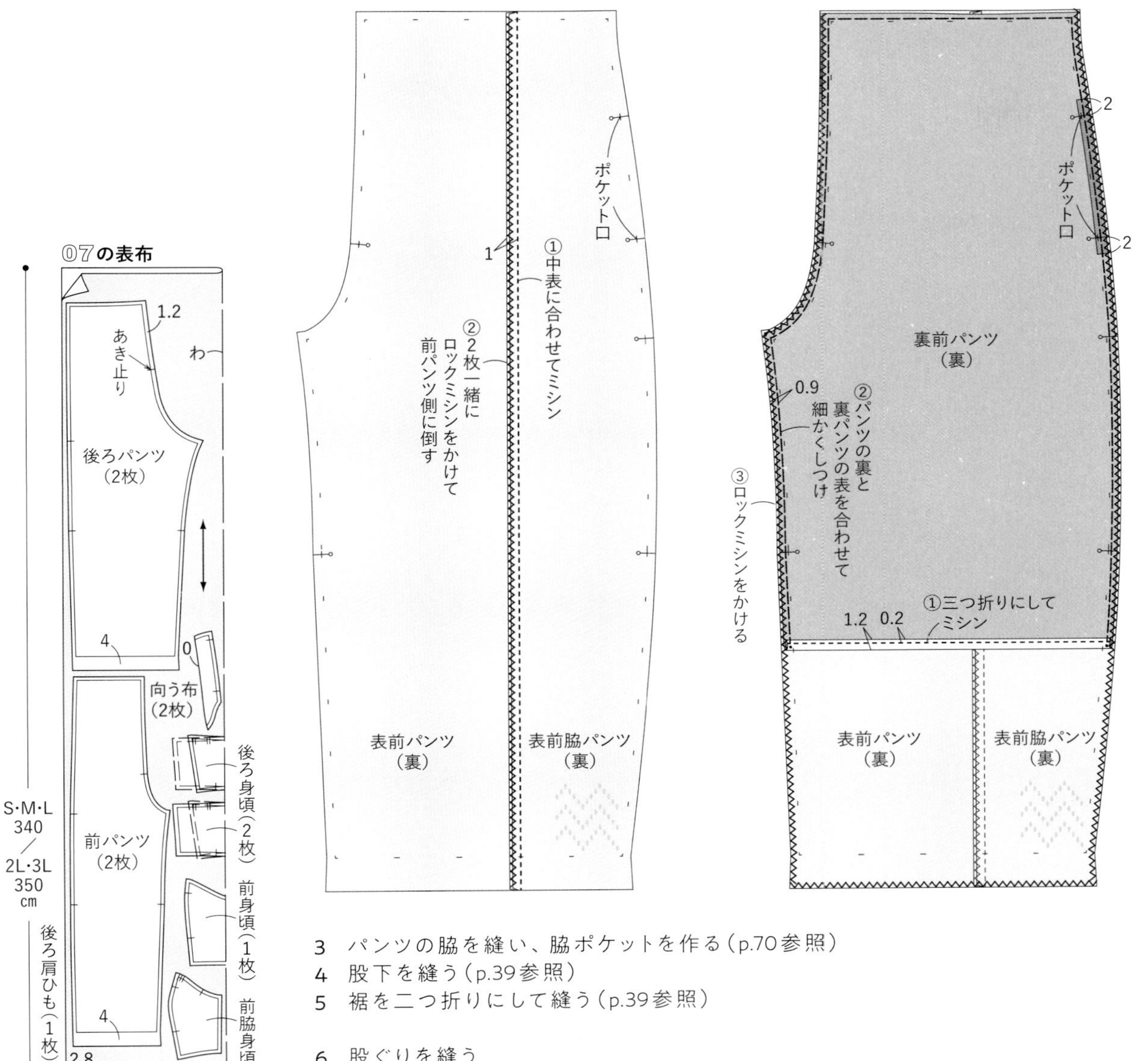

3　パンツの脇を縫い、脇ポケットを作る（p.70参照）

4　股下を縫う（p.39参照）

5　裾を二つ折りにして縫う（p.39参照）

6　股ぐりを縫う

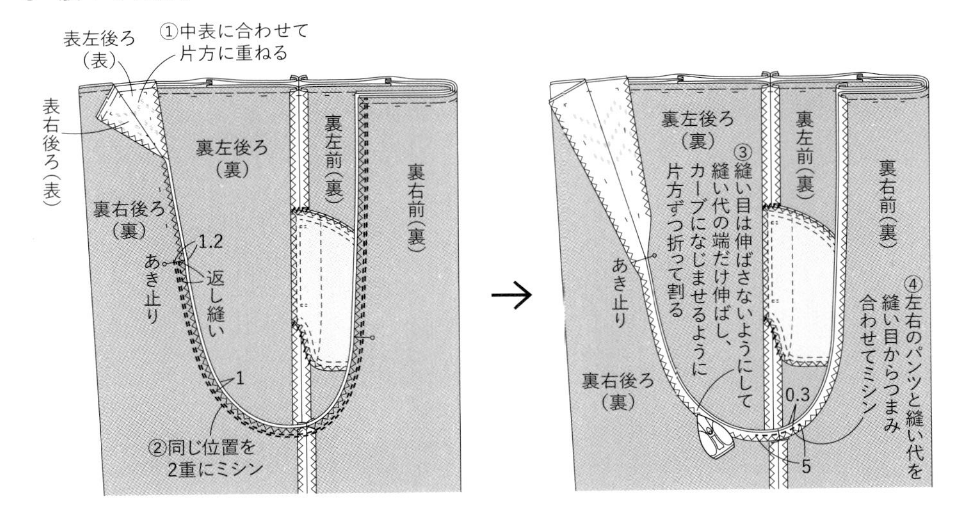

7　肩ひもを作る

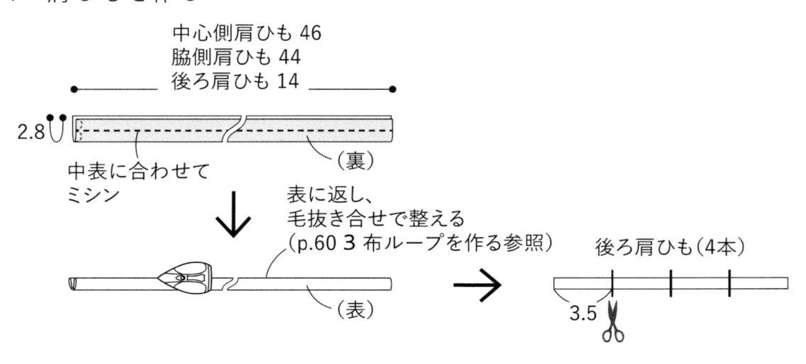

8　表前身頃の切替えには前切替え布をはさみ、裏身頃の切替え、脇をそれぞれ縫う

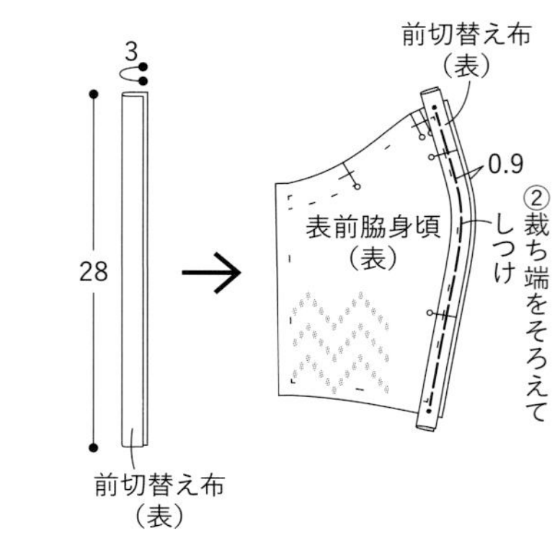

9　肩ひもをはさみ、身頃の上端を縫い返す
10　脇のくり部分にゴムテープを通す
11　ウエストを縫い合わせる

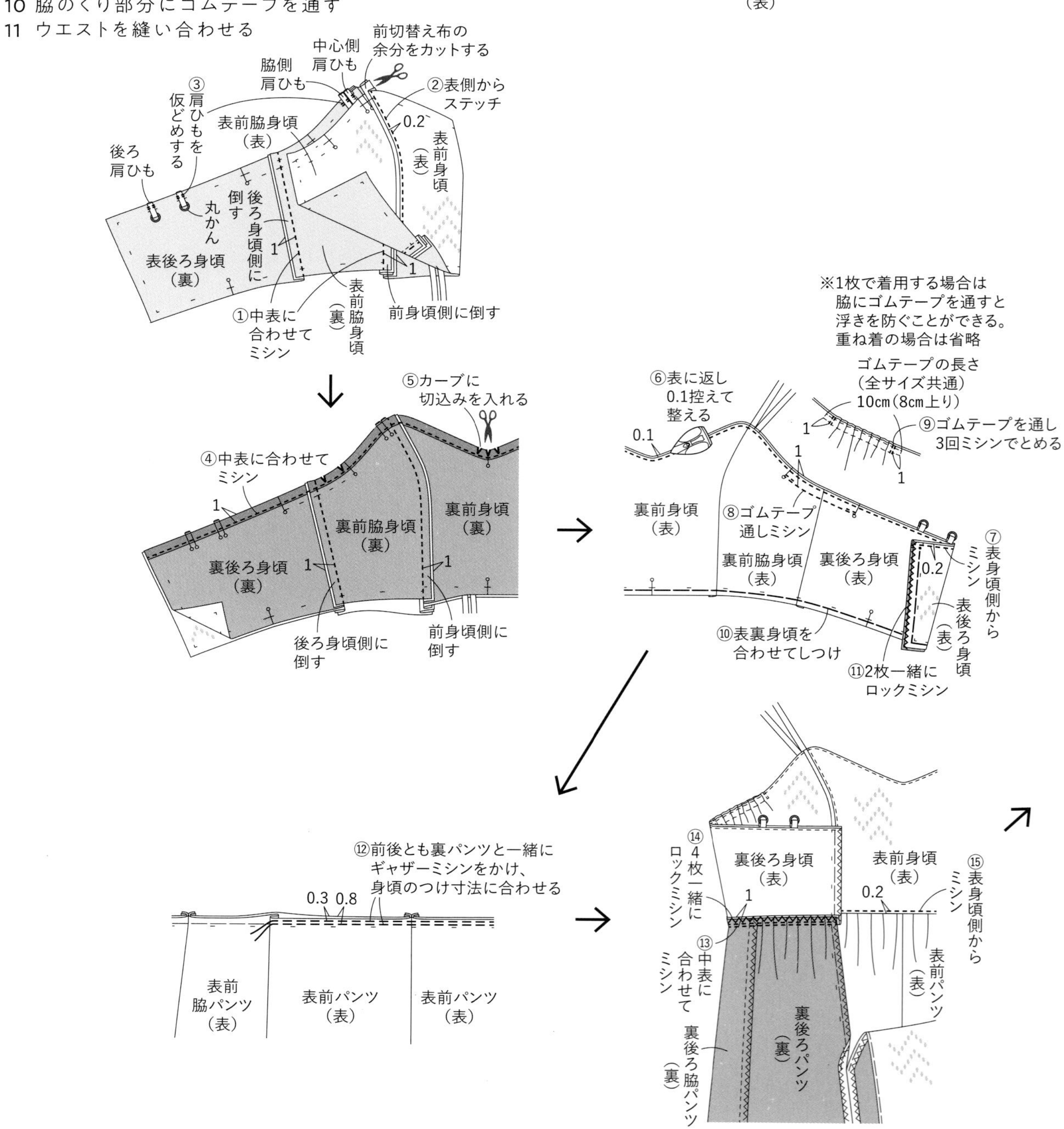

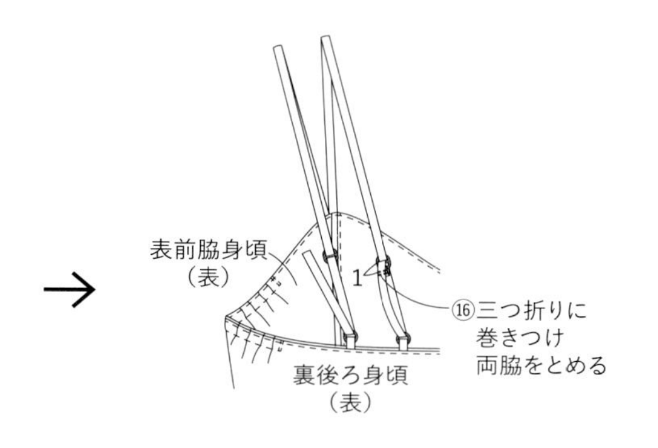

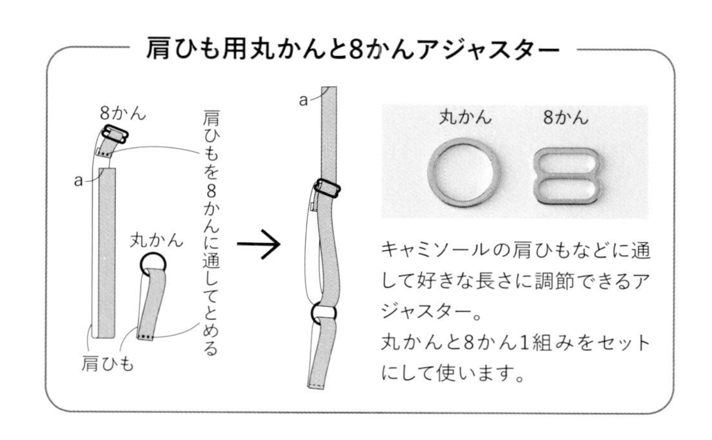

12 コンシールファスナーをつける

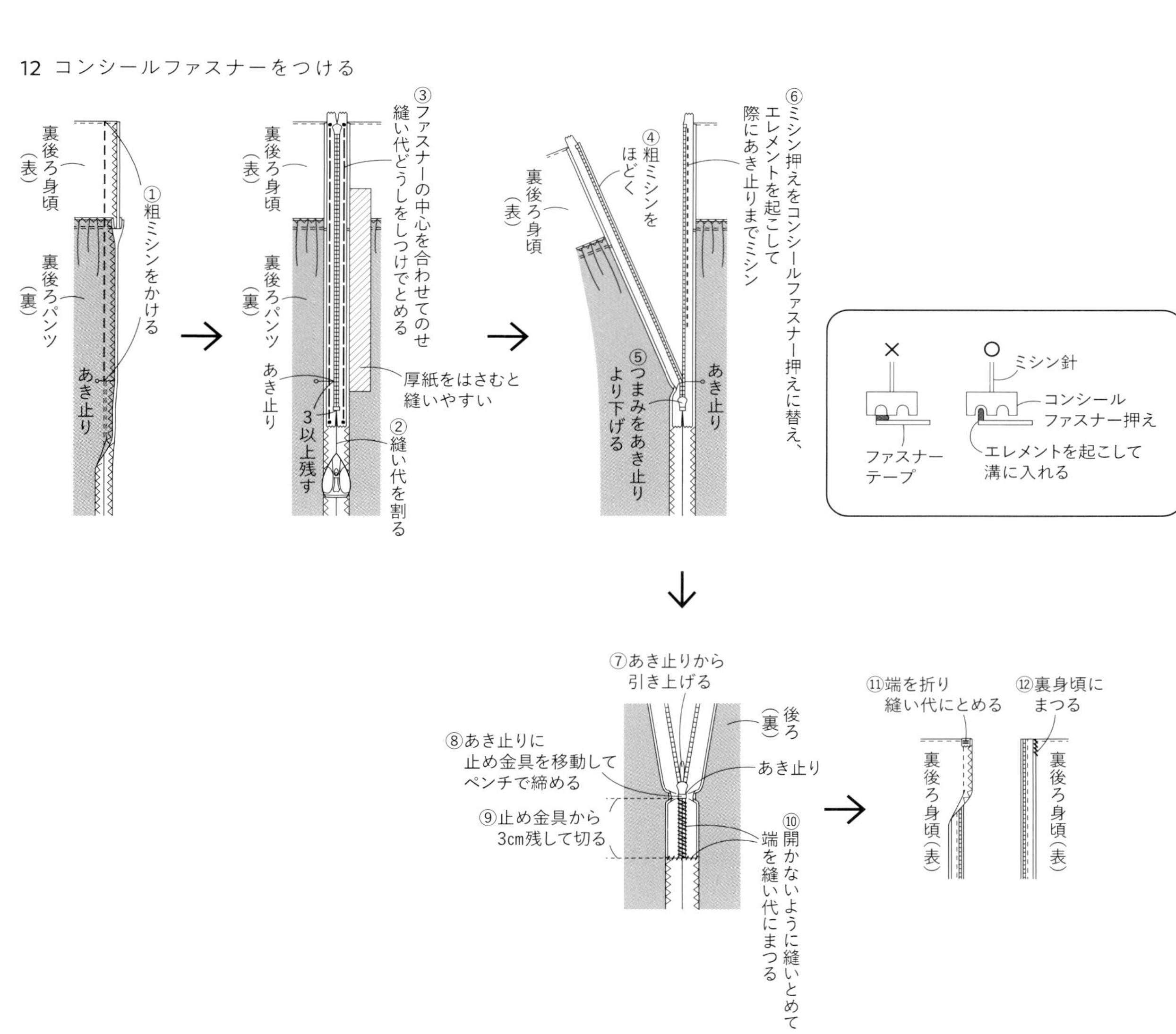

06 エプロンドレス

P.11, 13, 25 実物大パターンはC面

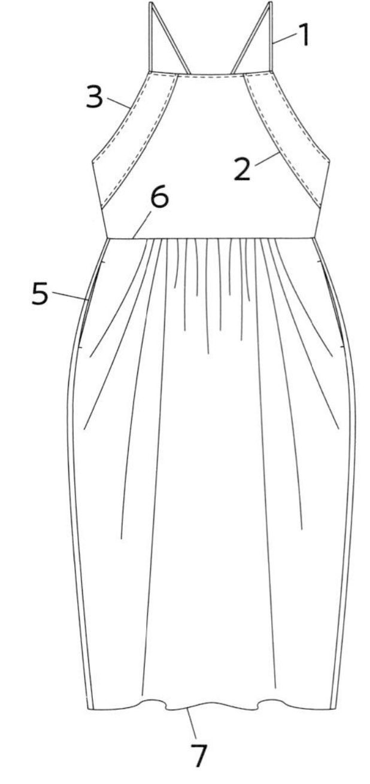

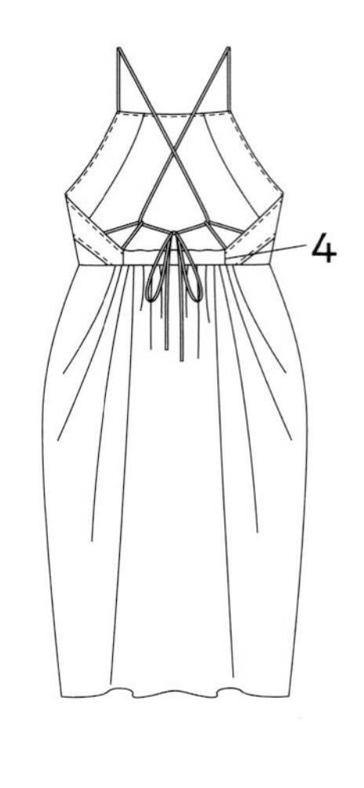

◆ 材料

表布　フィブリルサテン（宇仁繊維）：132㎝幅S・M・L 2m60㎝、2L・3L 2m70㎝

接着芯：90㎝幅70㎝

接着テープ（表身頃の上端、表脇切替えの袖ぐり）：ハーフバイアス1.2㎝幅 1m70㎝、

（前脇ポケット口）：ストレート1.2㎝幅 40㎝

ゴムテープ：2㎝幅25㎝

◆ 作り方

準備

- 表身頃、裏身頃、表脇切替え布、裏脇切替え布に接着芯をはる
- 表身頃の上端、表脇切替え布の袖ぐり、前脇ポケット口に接着テープをはる
- 裏身頃のウエスト、裏脇切替え布のウエスト、後ろ上端布の長辺片側、スカートの脇、裾にロックミシンをかける

作り方順序

1 前後の肩ひもを作る
2 前身頃と脇切替え布を表と裏それぞれ縫い合わせる
3 肩ひもをはさみ、表身頃と裏身頃を縫い返す
4 後ろ上端布と身頃を縫い合わせる
5 スカートの脇を縫い、脇ポケットを作る（p.70参照）
6 ウエストを縫い合わせ、ゴムテープを通す
7 裾を二つ折りにして奥をまつる

裁合せ図

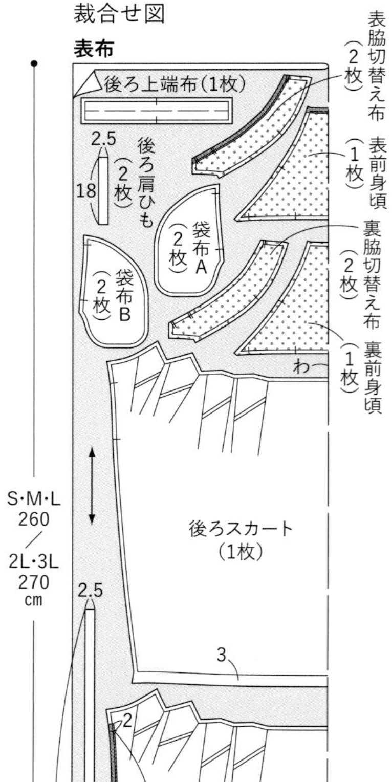

＊指定以外の縫い代は1㎝
＊［ドット］は接着芯をはる位置
＊［グレー］は接着テープをはる位置

1　前後の肩ひもを作る

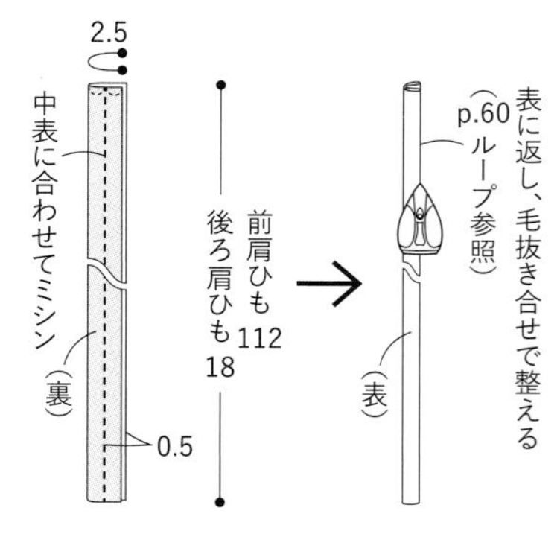

出来上り寸法　（単位はcm）

サイズ	S	M	L	2L	3L
ウエスト上り	69.5	73.5	77	81	84.5
着丈	109.5	110	113.5	113.8	117.4
スカート丈	75	75	78	81	81

＊着丈は後ろ中心の首つけ根からの長さです

2 前身頃と脇切替え布を表と裏それぞれ縫い合わせる

3 肩ひもをはさみ、表身頃と裏身頃を縫い返す

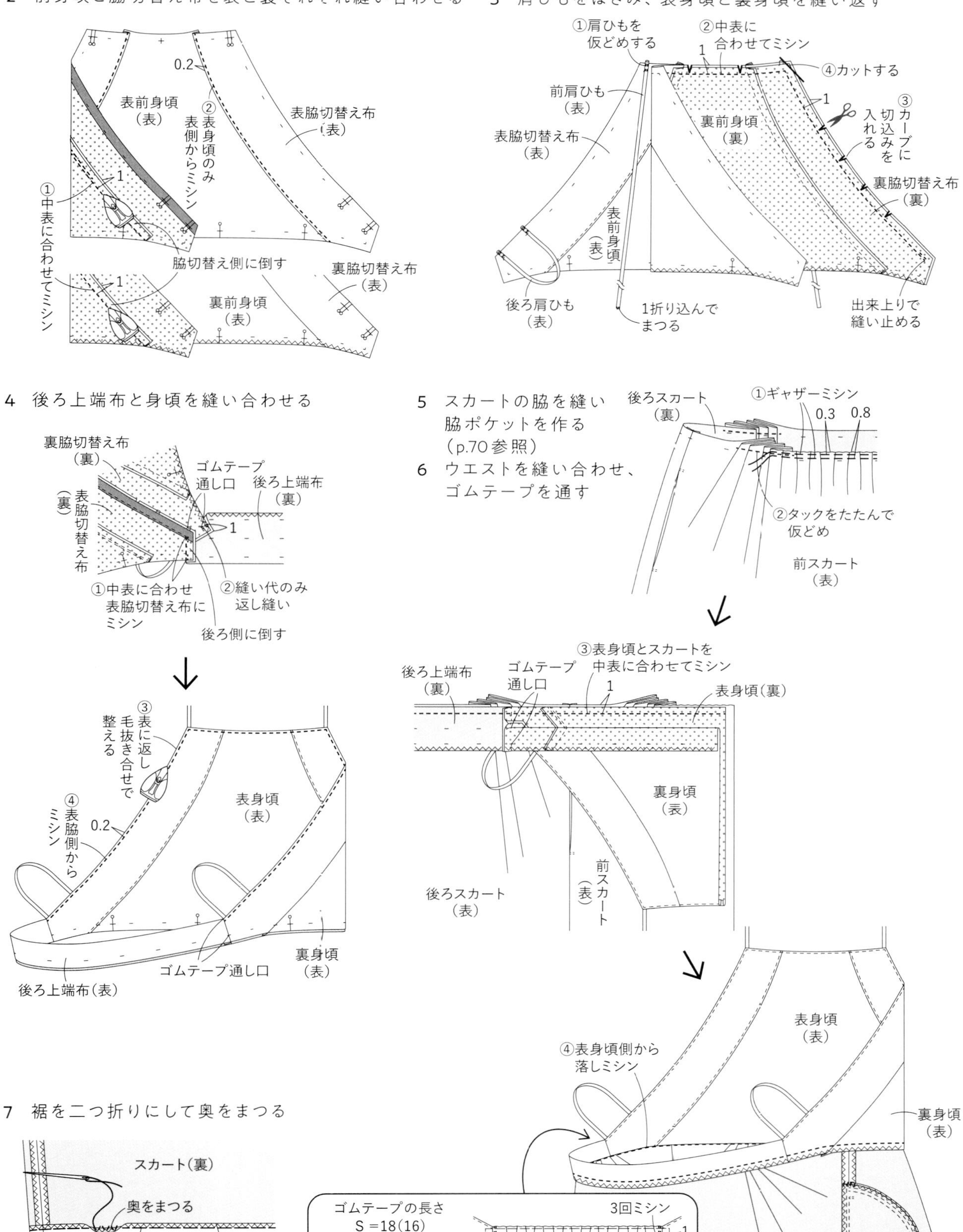

バイカラーワンピース

P.13, 15　実物大パターンはC面

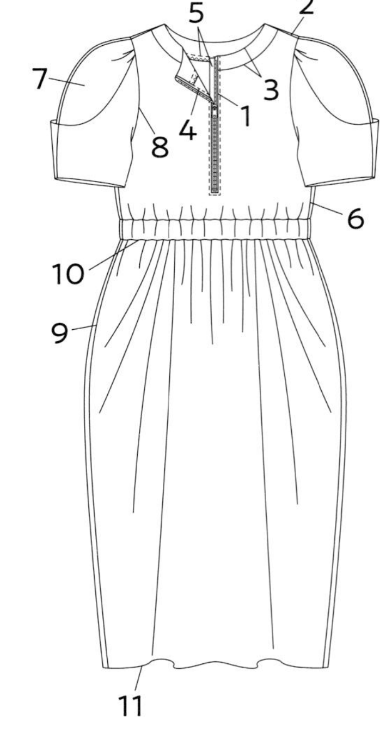

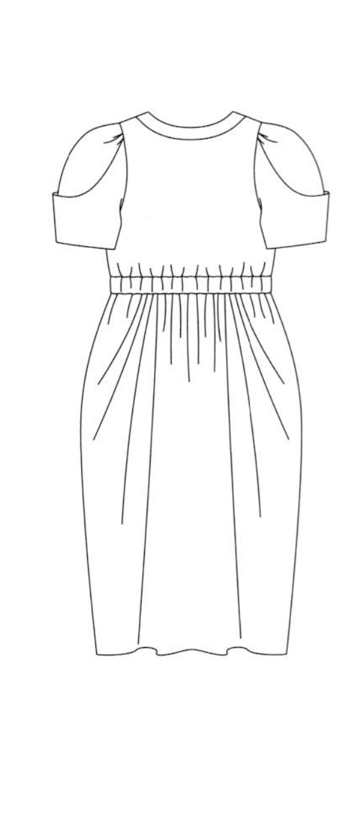

◆ 材料

表布　先染タイプライターチェック（宇仁繊維）：152cm幅 S・M・L 2m20cm、2L・3L 2m30cm
別布（タフタ）：120cm幅 S・M・L 1m50cm、2L・3L 1m60cm
接着芯：90cm幅40cm
ストッパーつきファスナー（p.66参照）：25cm 1本
ゴムテープ：3.5cm幅 80cm
※柄合せのない一般的な素材で作る場合
表布（スカート分）：120cm幅2m

◆ 作り方

準備

・表衿ぐり切替え、裏衿ぐり切替え、前見返し、袖口見返しに接着芯をはる
・身頃の肩、脇、裏衿ぐり切替えの奥、スカートの脇、裾、袖下、袖口見返しの奥にロックミシンをかける
・表布はチェック地の柄合せ分を考慮して配置する

作り方順序

1　前ファスナー位置を見返しで縫い返す
2　身頃、衿ぐり切替え布の肩をそれぞれ縫う
3　衿ぐり切替え布と身頃を縫い合わせる
4　ファスナーをつける
5　前当て布を作り、左身頃につけ、衿ぐりを仕上げる
6　身頃の脇を縫う
7　袖を作る
8　袖をつける（p.63参照）
9　スカートの脇を縫う
10　ウエストベルトを作り、ウエストを縫い合わせる。ウエストベルトにゴムテープを通す
11　裾を二つ折りにして奥をまつる

裁合せ図

別布

袖口見返し（2枚）
前見返し（1枚）
後ろ袖（2枚）
表後ろ衿ぐり切替え布（1枚）
裏後ろ衿ぐり切替え布（1枚）
前袖（2枚）
前身頃（1枚）
ウエストベルト（1枚）
表前衿ぐり切替え布（2枚）
裏前衿ぐり切替え布（2枚）
前当て布（1枚）
後ろ身頃（1枚）
わ
0
S・M・L 150 / 2L・3L 160cm
120cm幅

*指定以外の縫い代は1cm
*▒▒は接着芯をはる位置

裁合せ図
※スカートを柄合せのない一般的な素材で作る場合

表布

わ
後ろスカート（1枚）
前スカート（1枚）
3
200cm
120cm幅

出来上り寸法　（単位はcm）

サイズ	S	M	L	2L	3L
バスト	86	90	94	98	102
ウエストゴム上り	62	66	70	74	78
袖丈	29	29.2	29.4	29.6	29.8
着丈	109.5	110	113.5	113.8	117.4

*着丈は後ろ中心の衿ぐりからの長さです

【スカートの柄合せのしかた】

チェック地のような柄のある布地は、縫い合わせたとき柄がずれると目立つので、柄合せをします。まず布地を購入する際は、チェック柄を観察し、柄の繰り返す大きさ（一柄）を確認します。特にスカートの場合は縫い目がずれないように一柄分多めに用意し、裾線で柄が合うように裁断しましょう。このチェック柄は縦、横ともに規則正しい繰返しですが、光沢があるので前後スカートで上下の向きを変えてしまうと明るさや色味が違って見えることがあります。パターンの上下をそろえ、一方方向に置いて裁断してください。

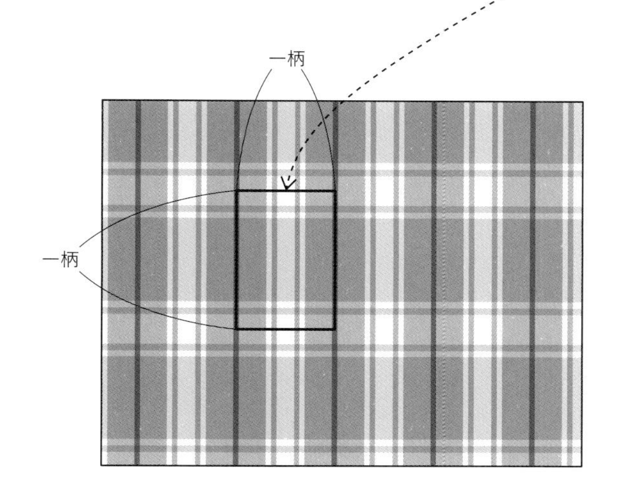

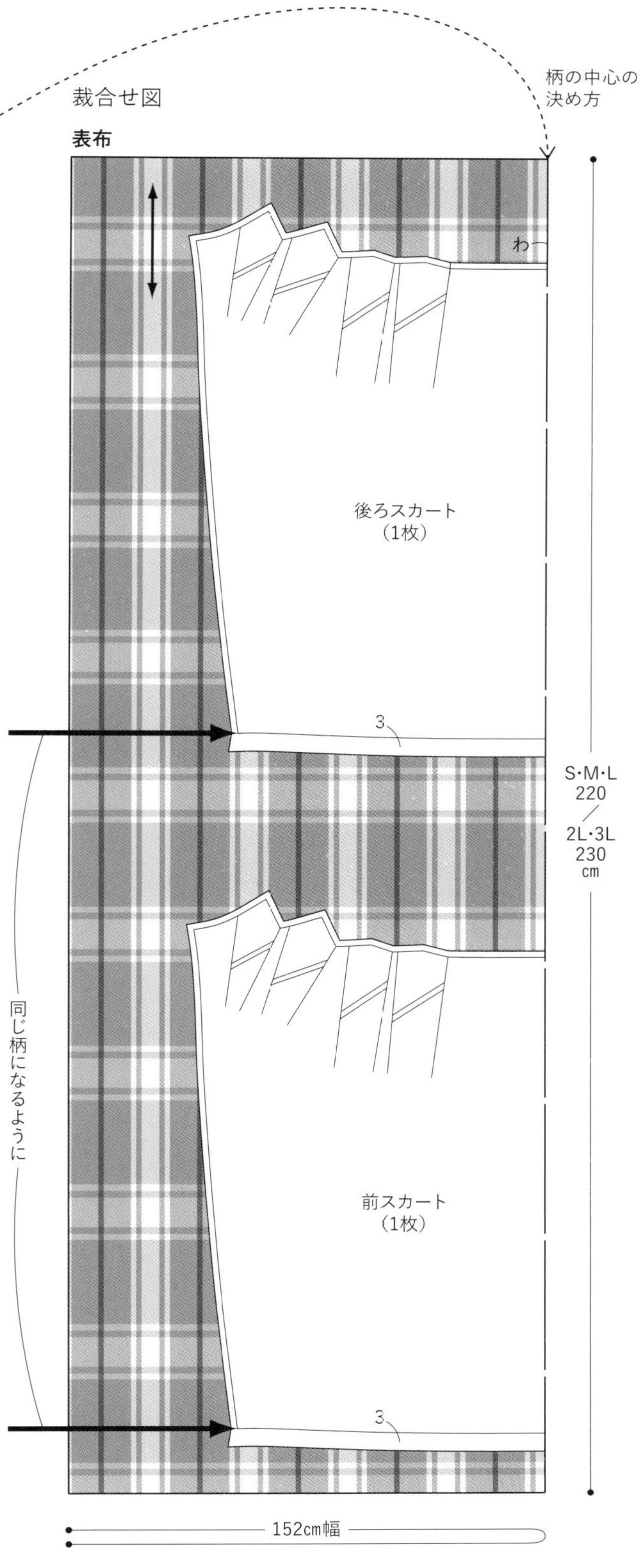

1　前ファスナー位置を見返しで縫い返す

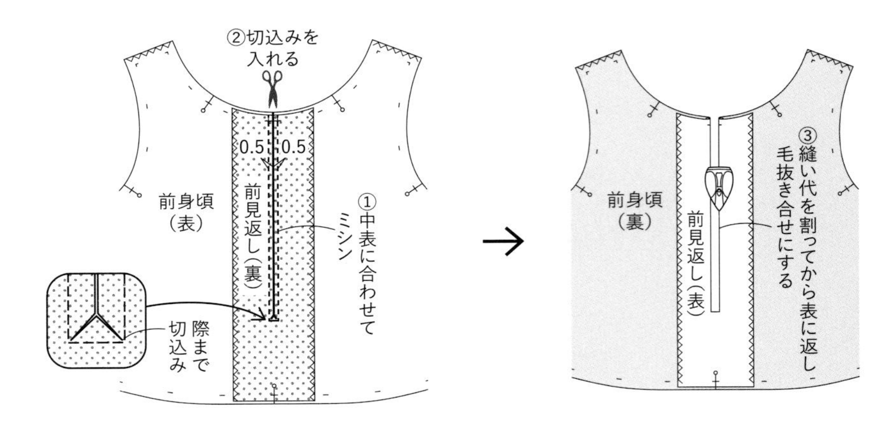

2　身頃、衿ぐり切替え布の肩をそれぞれ縫う
3　衿ぐり切替え布と身頃を縫い合わせる

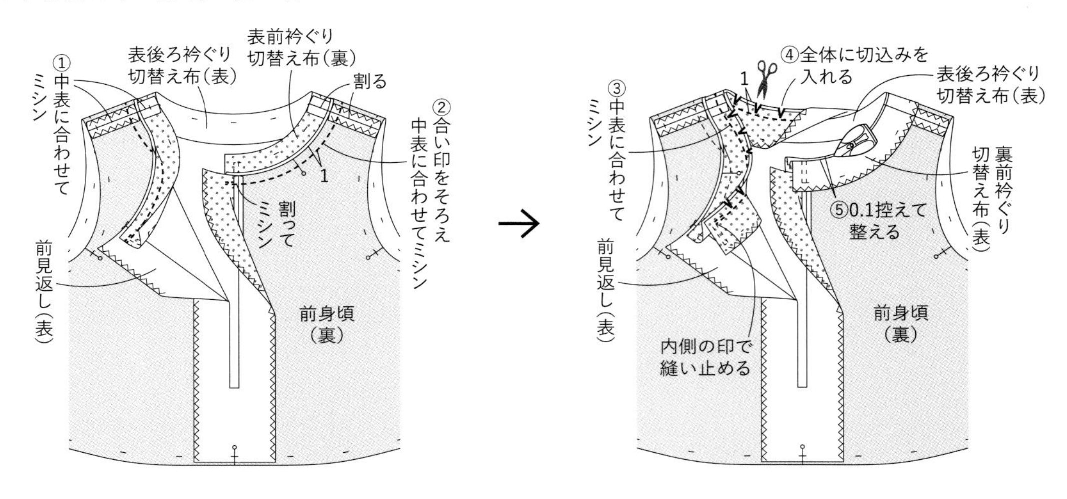

4　ファスナーをつける

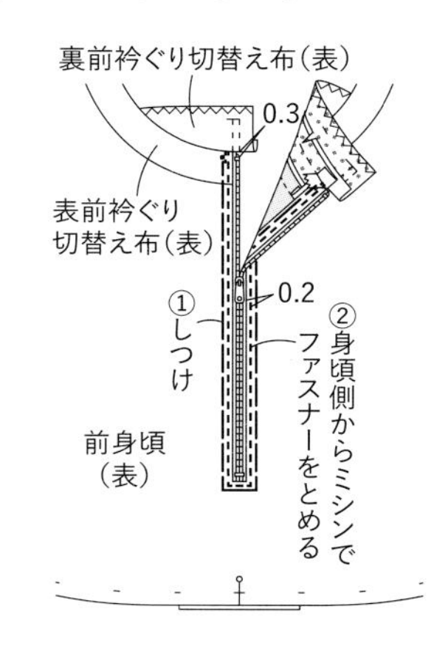

5　前当て布を作り、左身頃につけ、衿ぐりを仕上げる
6　身頃の脇を縫う

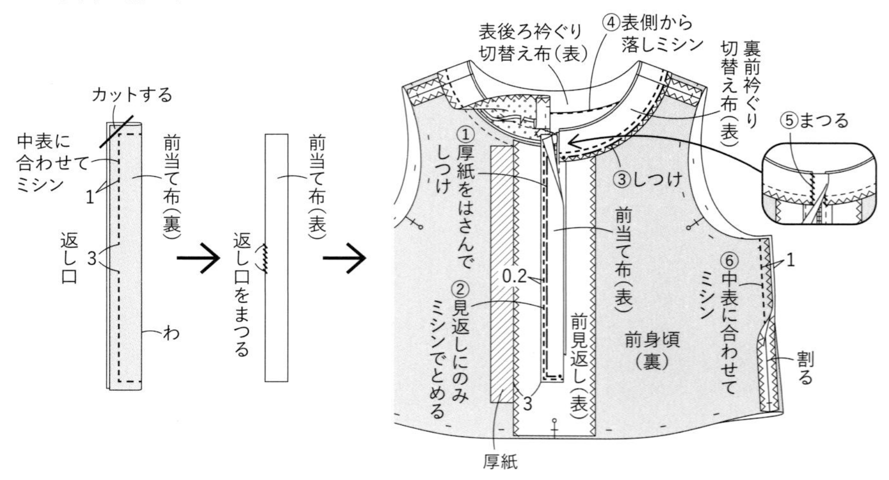

7　袖を作る

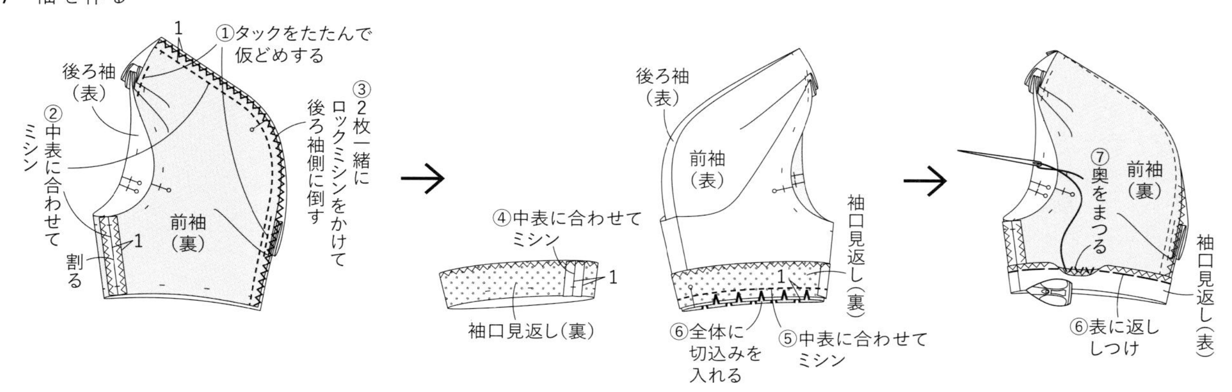

8　袖をつける（p.63参照）

9　スカートの脇を縫う

10　ウエストベルトを作り、ウエストを縫い合わせる。ウエストベルトにゴムテープを通す

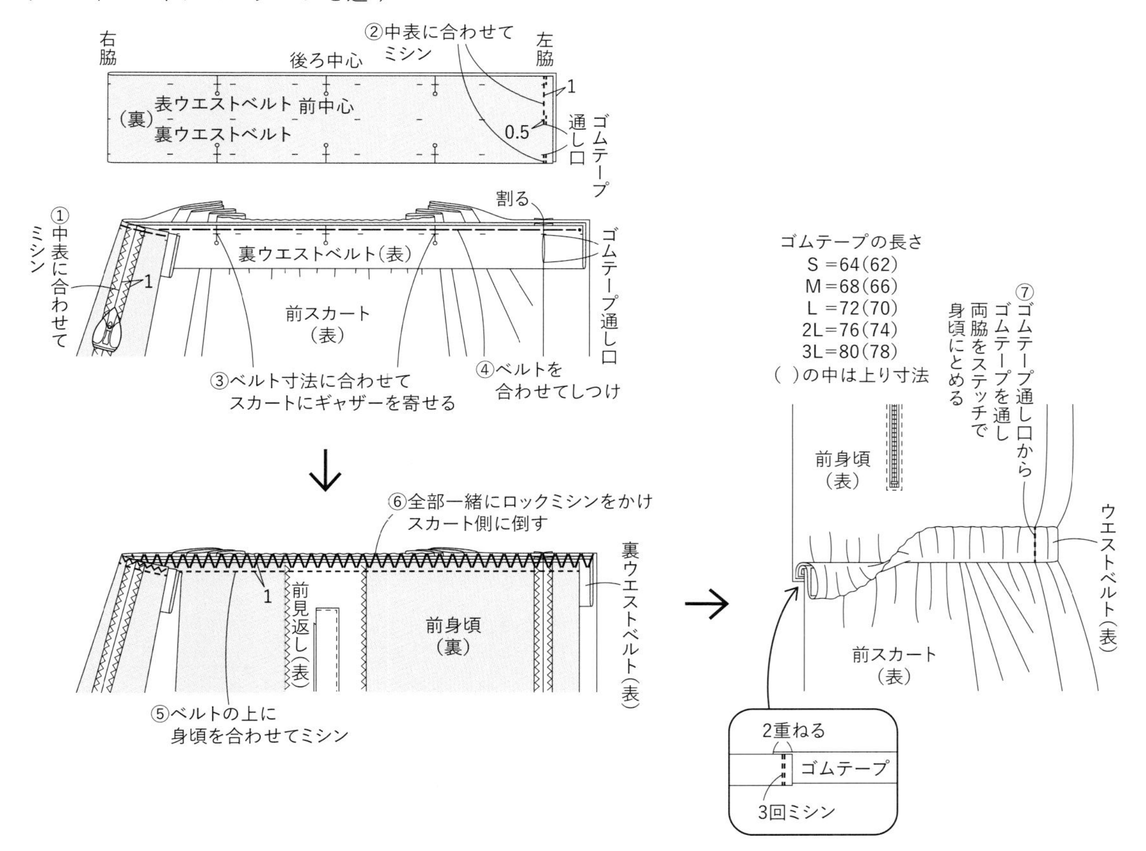

11　裾を二つ折りにして奥をまつる

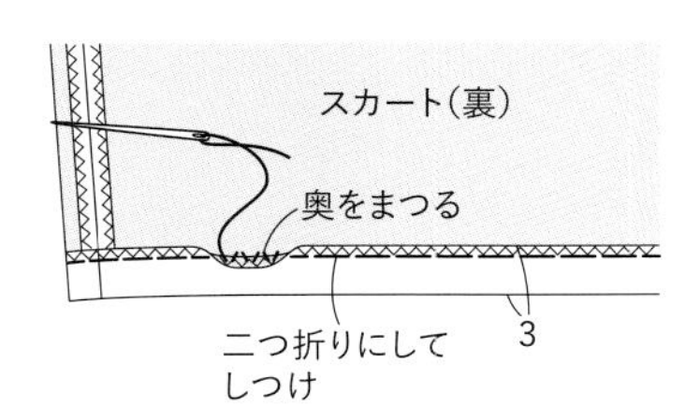

ボータイブラウス

P.16 実物大パターンはB面

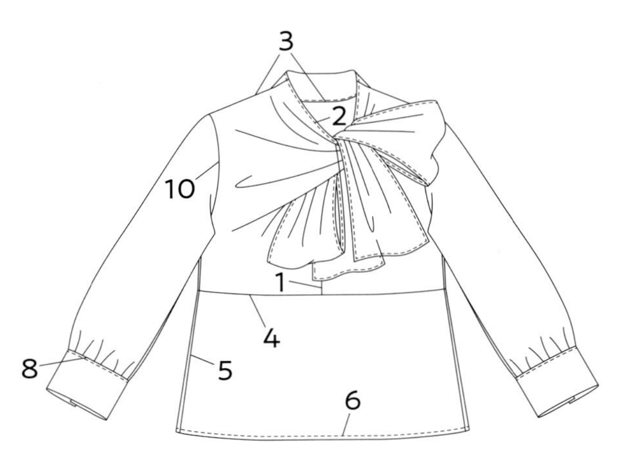

◆ **材料**

表布　アンティークストライプコットン ピンク（福田織物）：120㎝幅2m20㎝

接着芯：60×30㎝

ボタン：直径1.15㎝ 4個

◆ **作り方**

準備

・カフスに接着芯をはる

・前中心にロックミシンをかける

作り方順序

1　前中心を縫う
2　前身頃リボンの周囲を三つ折りにして縫う
3　後ろ衿をつけ、肩を縫う
4　前後身頃の上下をそれぞれ縫い合わせる
5　脇を縫う
6　裾を三つ折りにして縫う
7　袖口のあきを作る
8　袖を作り、カフスをつける
9　ボタン穴を作り、ボタンをつける
10 袖をつける

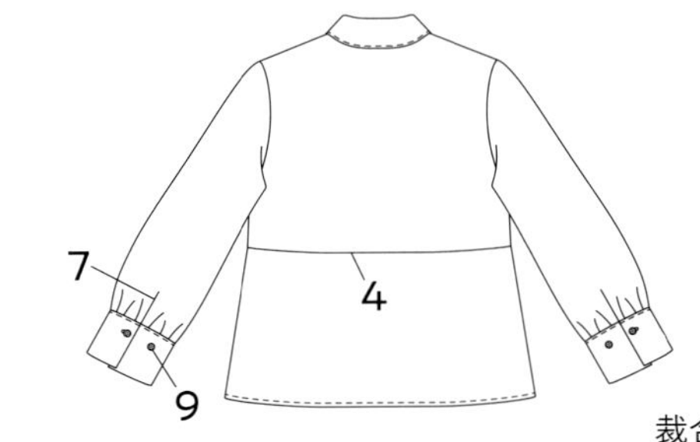

裁合せ図

表布

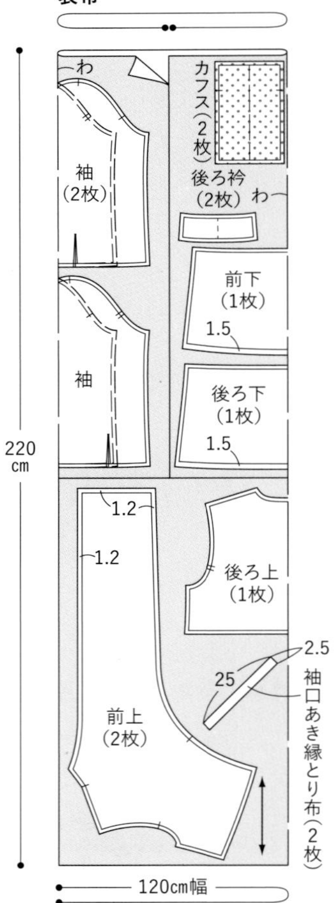

＊指定以外の縫い代は1㎝

＊[点線部]は接着芯をはる位置

1　前中心を縫う

2　前身頃リボンの周囲を三つ折りにして縫う

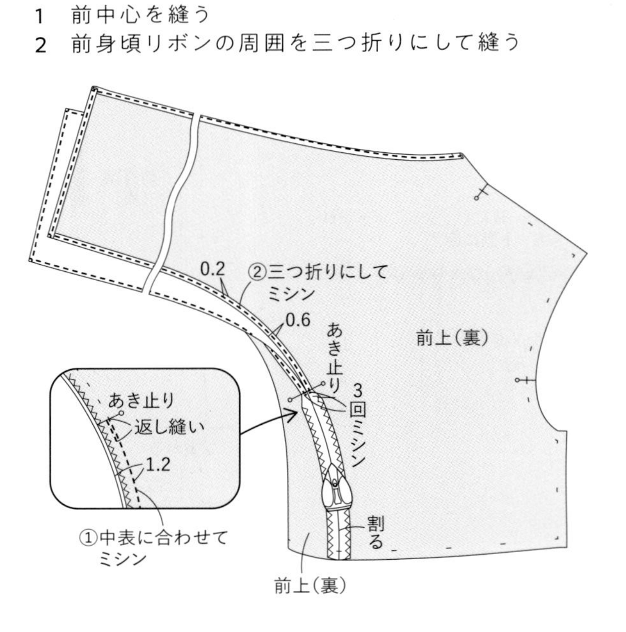

出来上り寸法　（単位は㎝）

サイズ	S	M	L	2L	3L
バスト	91	95	99	103	107
肩幅	38.6	39.5	41	42.2	43.4
袖丈	55.5	55.7	57.5	57.7	59.5
着丈	59	59.2	60	60.2	61

＊着丈は後ろ中心の衿ぐりからの長さです

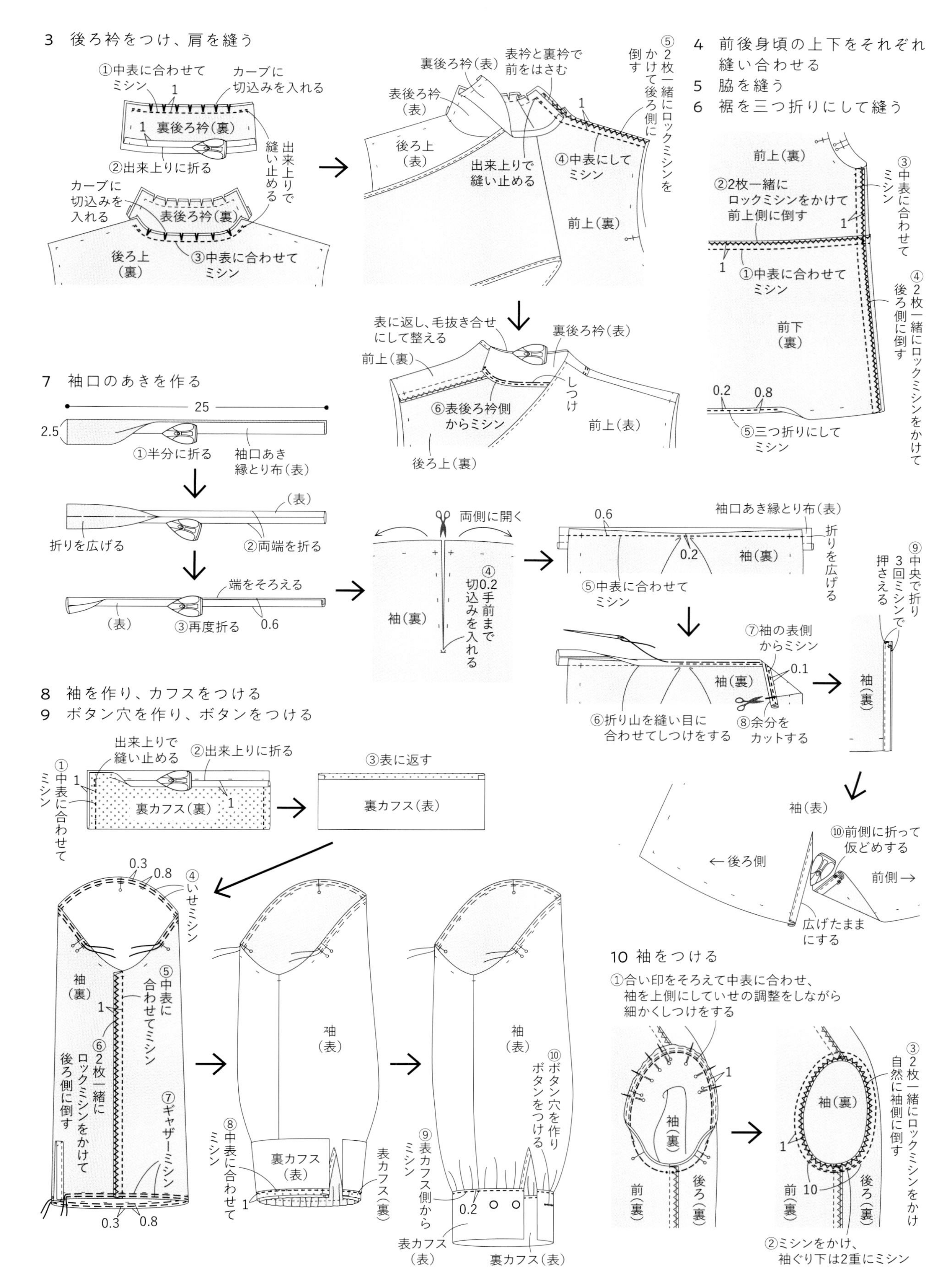

3 後ろ衿をつけ、肩を縫う
①中表に合わせてミシン
1
カーブに切込みを入れる
1 裏後ろ衿(裏)
②出来上りに折る
出来上りで縫い止める
カーブに切込みを入れる
表後ろ衿(裏)
後ろ上(裏)
③中表に合わせてミシン
裏後ろ衿(表)
表衿と裏衿で前をはさむ
⑤2枚一緒にロックミシンをかけて後ろ側に倒す
表後ろ衿(表)
1
後ろ上(表)
出来上りで縫い止める
④中表にしてミシン
前上(裏)
表に返し、毛抜き合せにして整える
裏後ろ衿(表)
前上(裏)
しつけ
⑥表後ろ衿側からミシン
前上(表)
後ろ上(裏)
4 前後身頃の上下をそれぞれ縫い合わせる
5 脇を縫う
6 裾を三つ折りにして縫う
前上(裏)
③中表に合わせてミシン
②2枚一緒にロックミシンをかけて前上側に倒す
1
1
①中表に合わせてミシン
④2枚一緒にロックミシンをかけて後ろ側に倒す
前下(裏)
0.2
0.8
⑤三つ折りにしてミシン
7 袖口のあきを作る
25
2.5
①半分に折る
袖口あき縁とり布(表)
(表)
折りを広げる
②両端を折る
端をそろえる
(表)
③再度折る
0.6
両側に開く
④0.2手前まで切込みを入れる
袖(裏)
0.6
袖口あき縁とり布(表)
折りを広げる
0.2
袖(裏)
⑤中表に合わせてミシン
⑦袖の表側からミシン
0.1
袖(裏)
⑥折り山を縫い目に合わせてしつけをする
⑧余分をカットする
⑨中央で折り3回ミシンで押さえる
袖(裏)
袖(表)
⑩前側に折って仮どめする
←後ろ側
前側→
広げたままにする
8 袖を作り、カフスをつける
9 ボタン穴を作り、ボタンをつける
出来上りで縫い止める
②出来上りに折る
①中表に合わせてミシン
1
裏カフス(裏)
1
③表に返す
裏カフス(表)
0.3
0.8
④いせミシン
袖(裏)
⑤中表に合わせてミシン
1
⑥2枚一緒にロックミシンをかけて後ろ側に倒す
⑦ギャザーミシン
0.3
0.8
袖(表)
裏カフス(表)
⑧中表に合わせてミシン
1
表カフス(裏)
袖(表)
⑩ボタン穴を作りボタンをつける
⑨表カフス側からミシン
0.2
表カフス(表)
裏カフス(表)
10 袖をつける
①合い印をそろえて中表に合わせ、袖を上側にしていせの調整をしながら細かくしつけをする
1
袖(裏)
前(裏)
後ろ(裏)
③2枚一緒にロックミシンをかけ自然に袖側に倒す
袖(裏)
1
10
前(裏)
後ろ(裏)
②ミシンをかけ、袖ぐり下は2重にミシン

シアーブラウス

P.11, 17, 24 実物大パターンはＢ面

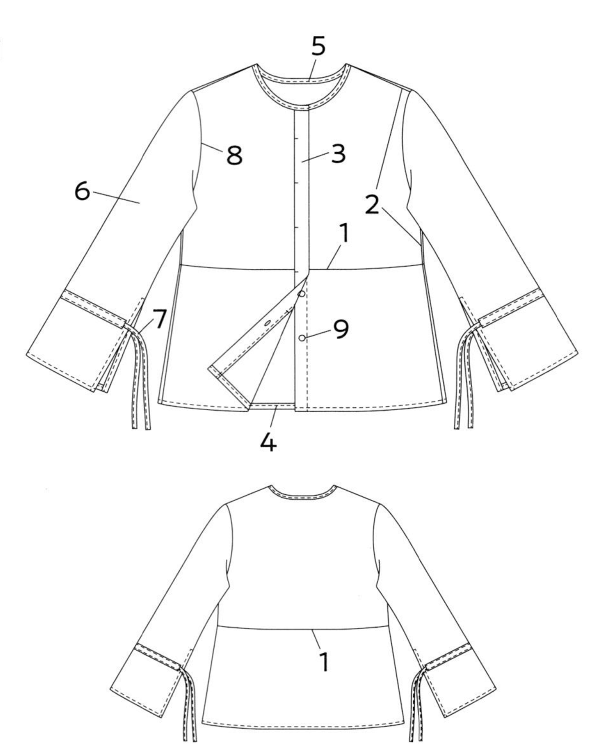

◆ 材料

表布　スーパーツイストボイルコットンローン（福田織物）：108㎝幅Ｓ・Ｍ・Ｌ 2m10㎝、 2L・3L 2m20㎝

接着芯：10×40㎝

ボタン：直径1.15㎝ 6個

◆ 作り方

準備

・右前端に接着芯をはる

・透ける素材なので比翼布には接着芯をはっていないが、 しっかりさせたい場合は比翼布にも接着芯をはる

作り方順序

1　前後身頃の上下をそれぞれ縫い合わせる
2　肩、 脇を縫う
3　右前端は比翼にし、 左前端は三つ折りにして縫う
4　裾を三つ折りにして縫う
5　衿ぐりをバイアス布でくるむ
6　袖を作る
7　袖口ひもを作り、 ひも通し布に通す
8　袖をつける（p.57参照）
9　ボタンをつける

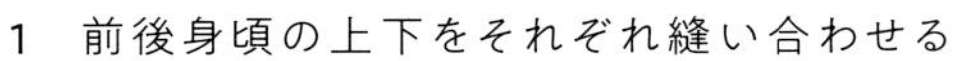

1　前後身頃の上下をそれぞれ縫い合わせる
2　肩、脇を縫う

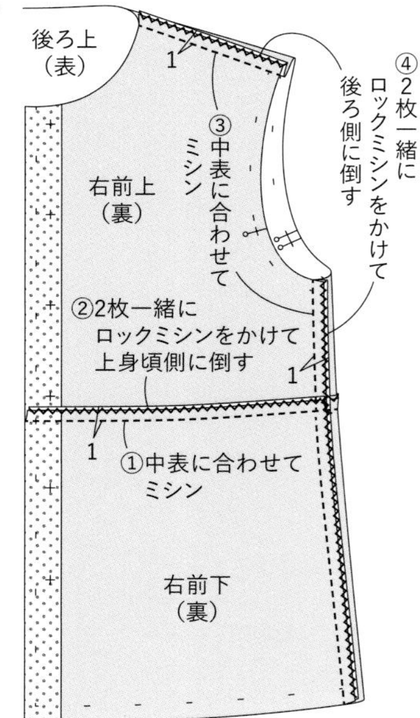

裁合せ図

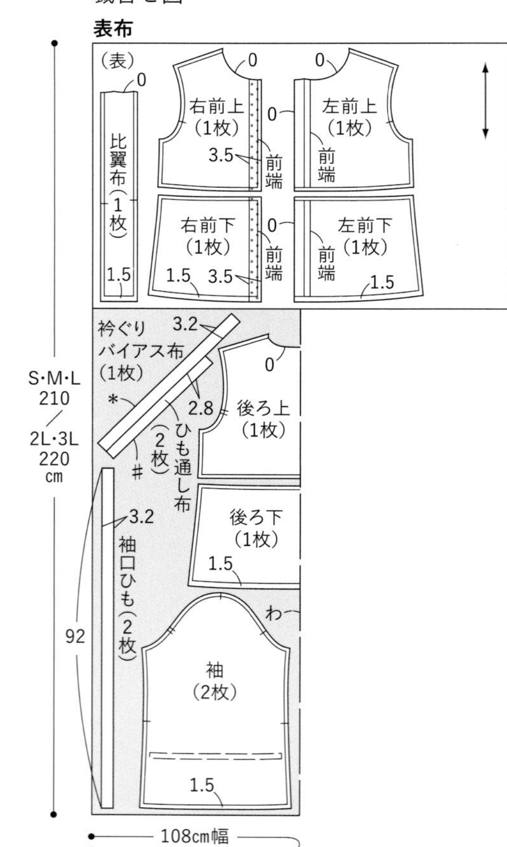

＊指定以外の縫い代は1cm
＊▒は接着芯をはる位置
＊衿ぐりバイアス布、ひも通し布の長さはp.55

出来上り寸法　（単位はcm）

サイズ	S	M	L	2L	3L
バスト	91	95	99	103	107
肩幅	38.6	39.5	41	42.2	43.4
袖丈	54.5	54.7	56.5	56.7	58.5
着丈	59	59.5	60	60.5	61

＊着丈は後ろ中心の衿ぐりからの長さです

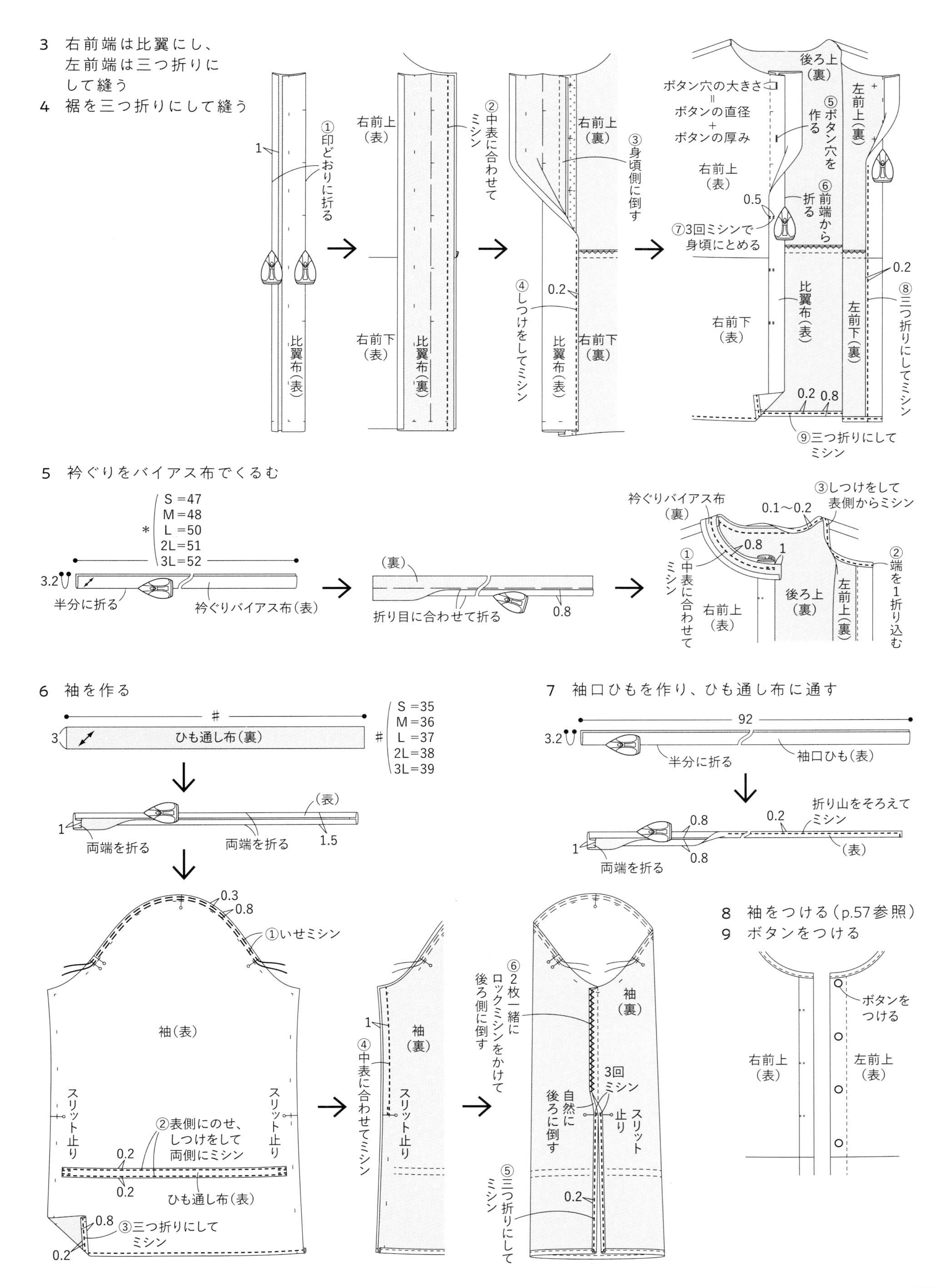
3 右前端は比翼にし、
左前端は三つ折りに
して縫う
4 裾を三つ折りにして縫う
1
①印どおりに折る
比翼布(表)
右前上
(表)
②中表に合わせてミシン
右前下
(表)
比翼布(裏)
右前上
(裏)
③身頃側に倒す
④しつけをしてミシン
0.2
比翼布(表)
右前下
(裏)
後ろ上
(裏)
ボタン穴の大きさ
=
ボタンの直径
+
ボタンの厚み
⑤ボタン穴を作る
左前上(裏)
右前上
(表)
0.5
⑥前端から折る
⑦3回ミシンで
身頃にとめる
0.2
⑧三つ折りにしてミシン
比翼布(表)
右前下
(表)
左前下(裏)
0.2
0.8
⑨三つ折りにして
ミシン
5 衿ぐりをバイアス布でくるむ
S =47
M =48
L =50
2L=51
3L=52
*
3.2
半分に折る
衿ぐりバイアス布(表)
(裏)
折り目に合わせて折る
0.8
衿ぐりバイアス布
(裏)
0.1〜0.2
③しつけをして
表側からミシン
0.8
1
①中表に合わせてミシン
②端を1折り込む
右前上
(表)
後ろ上
(裏)
左前上(裏)
6 袖を作る
#
3
ひも通し布(裏)
#
S =35
M =36
L =37
2L=38
3L=39
(表)
1
両端を折る
両端を折る
1.5
0.3
0.8
①いせミシン
袖(表)
スリット止り
スリット止り
②表側にのせ、
しつけをして
両側にミシン
0.2
0.2
ひも通し布(表)
0.8
③三つ折りにして
ミシン
0.2
1
袖
(裏)
④中表に合わせてミシン
スリット止り
⑥2枚一緒にロックミシンをかけて後ろ側に倒す
袖
(裏)
3回
ミシン
自然に後ろに倒す
止り
スリット
⑤三つ折りにしてミシン
0.2
7 袖口ひもを作り、ひも通し布に通す
92
3.2
半分に折る
袖口ひも(表)
0.8
0.2
折り山をそろえて
ミシン
1
0.8
(表)
両端を折る
8 袖をつける(p.57参照)
9 ボタンをつける
ボタンを
つける
右前上
(表)
左前上
(表)

11 比翼あきブラウス

P.4, 18　実物大パターンはB面

◆ 材料

表布　ドレープコットン（福田織物）：140㎝幅S・M・L 2m、 2L・3L 2m10㎝

接着芯：10×40㎝

ボタン：直径1.15㎝ 6個

◆ 作り方

準備

・右前端に接着芯をはる

・透ける素材なので比翼布には接着芯をはっていないが、しっかりさせたい場合は比翼布にも接着芯をはる

★1～5はp.54 10 シアーブラウス参照

作り方順序

1　前後身頃の上下をそれぞれ縫い合わせる

2　肩、 脇を縫う

3　右前端は比翼にし、 左前端は三つ折りにして縫う

4　裾を三つ折りにして縫う

5　衿ぐりをバイアス布でくるむ

6　袖を作る

7　袖をつける

8　ボタンをつける

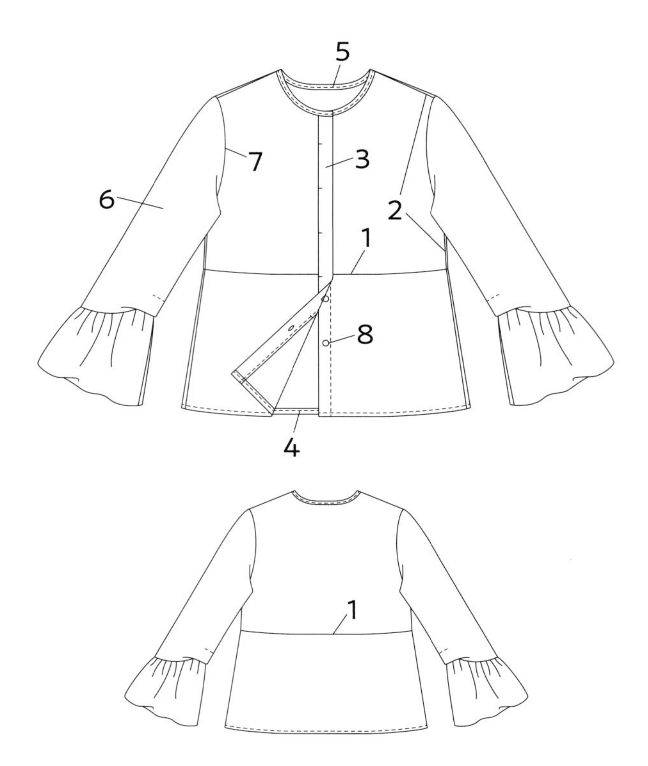

裁合せ図

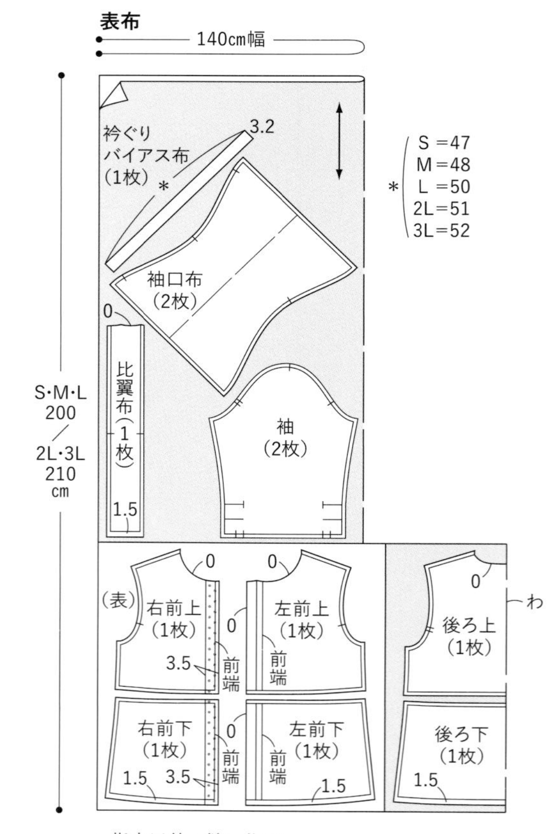

＊指定以外の縫い代は1㎝

＊▒は接着芯をはる位置

＊衿ぐりバイアス布の長さはp.55

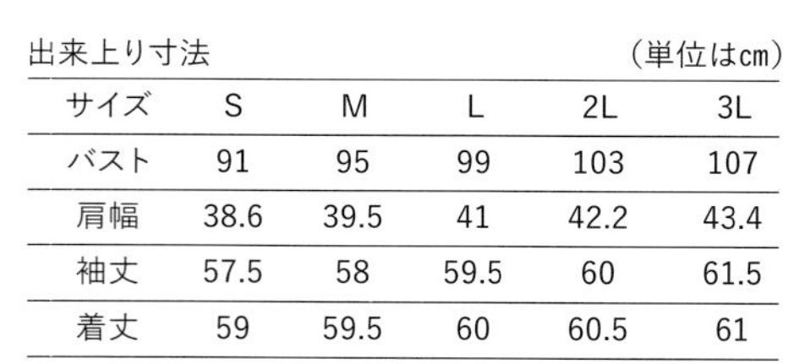

出来上り寸法　(単位は㎝)

サイズ	S	M	L	2L	3L
バスト	91	95	99	103	107
肩幅	38.6	39.5	41	42.2	43.4
袖丈	57.5	58	59.5	60	61.5
着丈	59	59.5	60	60.5	61

＊着丈は後ろ中心の衿ぐりからの長さです

6　袖を作る

7　袖をつける

8　ボタンをつける

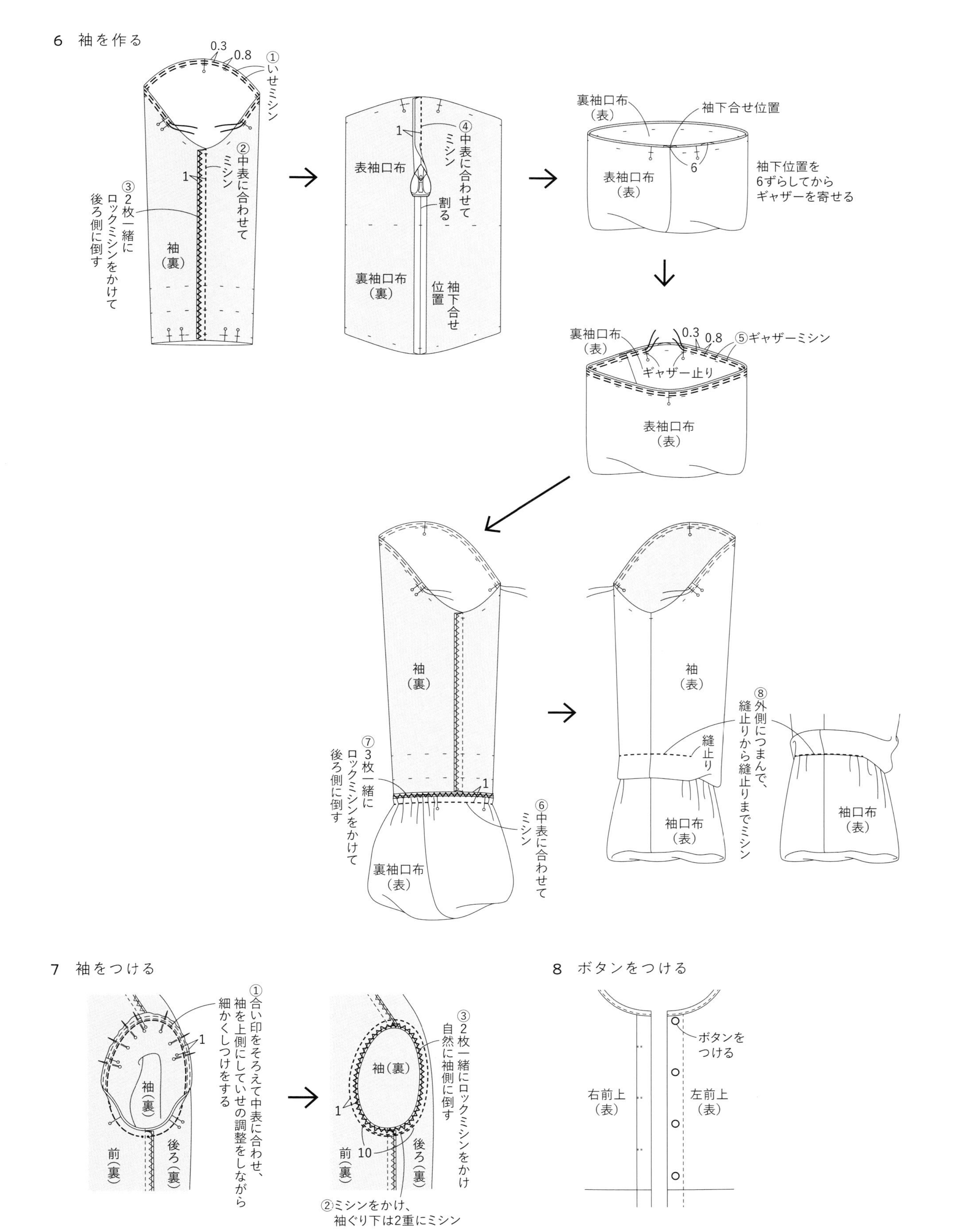

12 ジャケット

P.20, 25 実物大パターンはA、D面

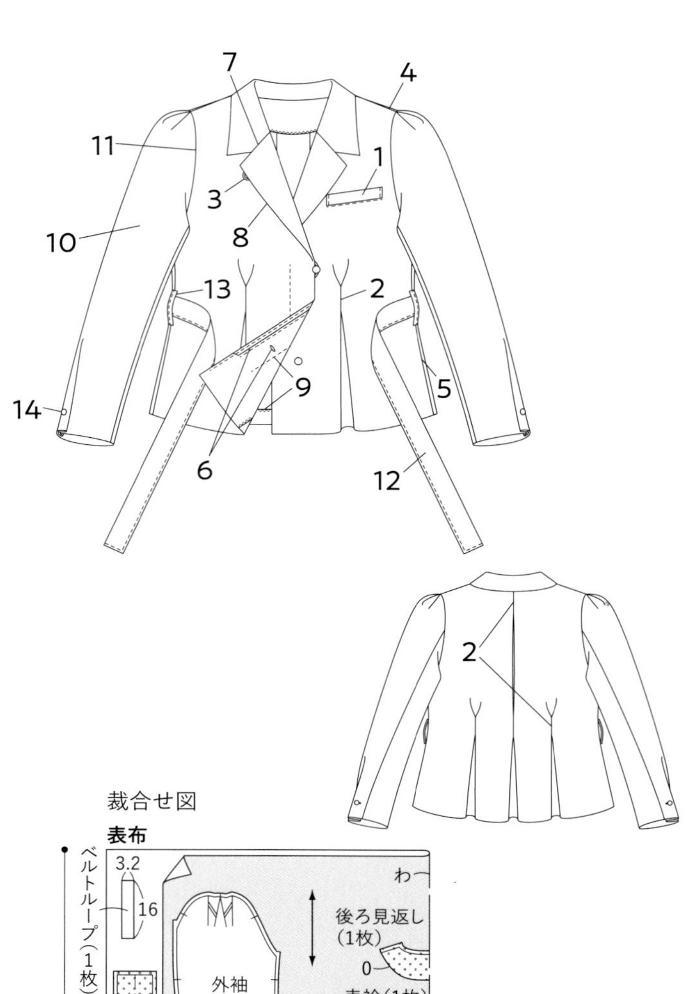

◆ 材料

表布　ウールシルクオックス（葛利毛織工業）：150cm幅2m20cm
別布（スレキ）：100cm幅20cm
接着芯：90cm幅1m70cm
接着テープ（前端、ラペル回り、衿ぐり、前肩線、袖ぐり）：
ハーフバイアス1.2cm幅 3m20cm
（返り奥ステッチ位置）：ストレート1.2cm幅 40cm
ボタン：直径1.8cm 3個、1.3cm 3個、1.15cm 1個

◆ 作り方

準備

- 前身頃、箱ポケット位置、箱布、前見返し、後ろ見返し、表衿、裏衿、比翼布、袖口ボタン穴位置、ベルトに接着芯をはる
- 前端、ラペル回り、衿ぐり、前肩線、袖ぐり、返り線奥に接着テープをはる
- 前後身頃の肩、脇、裾、前後見返しの奥、袖の切替え線、袖口、胸ポケット向う布奥にロックミシをかける
- 返り線奥のテープをミシンでとめる

作り方順序

1 胸ポケットを作る
2 後ろ中心、ウエストのタックを縫う
3 布ループを作る
4 前端に布ループを仮どめし、肩を縫う
5 脇を縫う
6 右見返しに比翼を作り、ボタン穴を作る。見返しの肩を縫う
7 身頃と裏衿、見返しと表衿をそれぞれ縫い合わせる
8 見返しの裾、前端、衿回りを縫う
9 比翼を仕上げ、裾を二つ折りにしてまつる
10 袖を作る
11 袖をつける
12 ベルトを作る
13 ベルトループを作り、脇につける
14 左前端、袖口にボタン穴を作り、ボタンをつける

裁合せ図

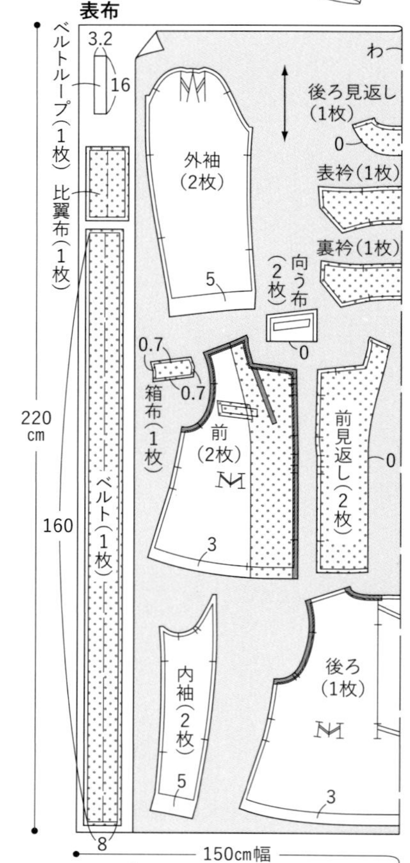

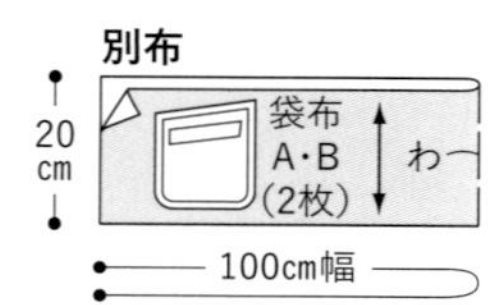

*指定以外の縫い代は1cm
*[点模様]は接着芯をはる位置
*[灰色]は接着テープをはる位置

出来上り寸法　（単位はcm）

サイズ	S	M	L	2L	3L
バスト	95	99	103	107	111
肩幅	33.2	34.5	36	37.1	38.4
袖丈	60	60	61	61	61
着丈	57.3	57.8	58.3	58.8	59.3

*着丈は後ろ中心の衿ぐりからの長さです

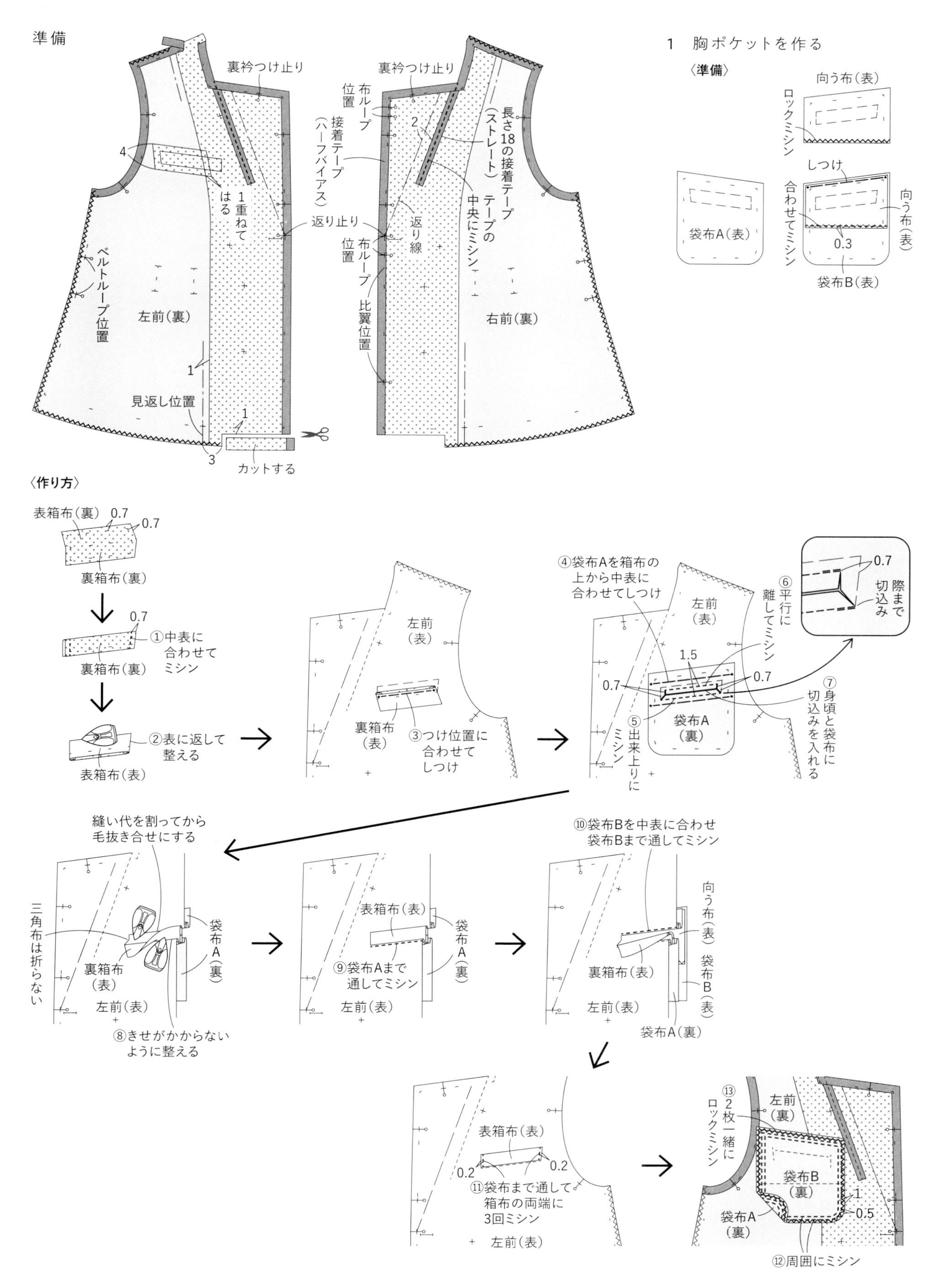
準備
裏衿つけ止り
4
1重ねてはる
ベルトループ位置
左前（裏）
1
見返し位置
3
1
カットする
裏衿つけ止り
布ループ位置
2
接着テープ（ハーフバイアス）
長さ18の接着テープ（ストレート）
テープの中央にミシン
返り止り
布ループ位置
返り線
比翼位置
右前（裏）
1　胸ポケットを作る
〈準備〉
向う布（表）
ロックミシン
しつけ
合わせてミシン
向う布（表）
0.3
袋布A（表）
袋布B（表）
〈作り方〉
表箱布（裏）
0.7
0.7
裏箱布（裏）
0.7
①中表に合わせてミシン
裏箱布（裏）
②表に返して整える
表箱布（表）
左前（表）
裏箱布（表）
③つけ位置に合わせてしつけ
④袋布Aを箱布の上から中表に合わせてしつけ
左前（表）
⑥平行に離してミシン
1.5
0.7
0.7
⑤出来上りにミシン
袋布A（裏）
⑦身頃と袋布に切込みを入れる
0.7
際まで切込み
縫い代を割ってから毛抜き合せにする
三角布は折らない
袋布A（裏）
裏箱布（表）
左前（表）
⑧きせがかからないように整える
表箱布（表）
袋布A（裏）
⑨袋布Aまで通してミシン
左前（表）
⑩袋布Bを中表に合わせ袋布Bまで通してミシン
向う布（表）
裏箱布（表）
袋布B（表）
左前（表）
袋布A（裏）
表箱布（表）
0.2
0.2
⑪袋布まで通して箱布の両端に3回ミシン
左前（表）
⑬2枚一緒にロックミシン
左前（裏）
袋布B（裏）
袋布A（裏）
1
0.5
⑫周囲にミシン

2　後ろ中心、ウエストのタックを縫う

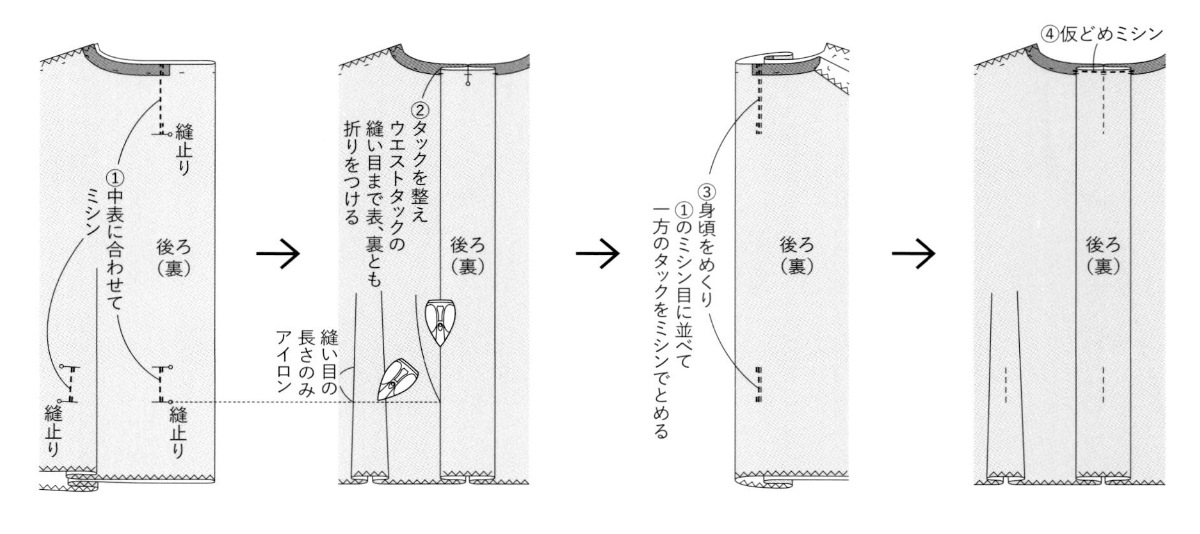

3　布ループを作る

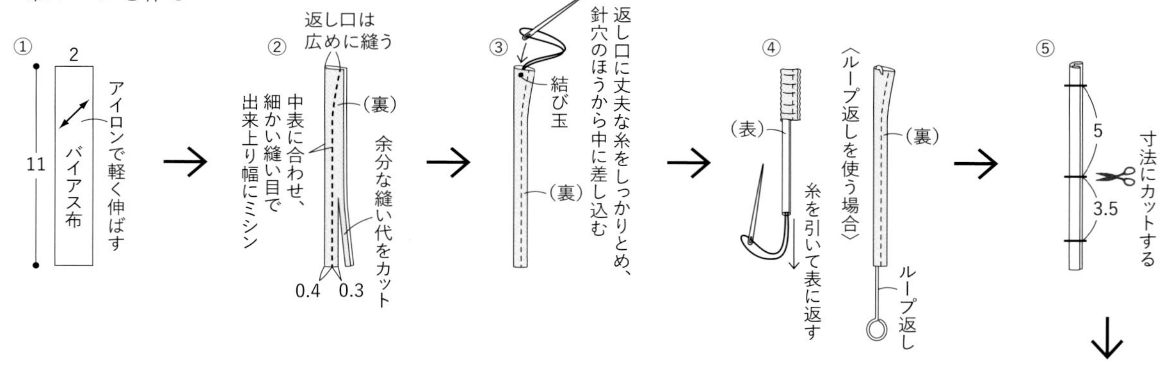

⑥

縫い目

縫い目を内側にしてアイロンで形を整える

4　前端に布ループを仮どめし、肩を縫う
5　脇を縫う

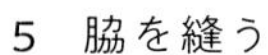

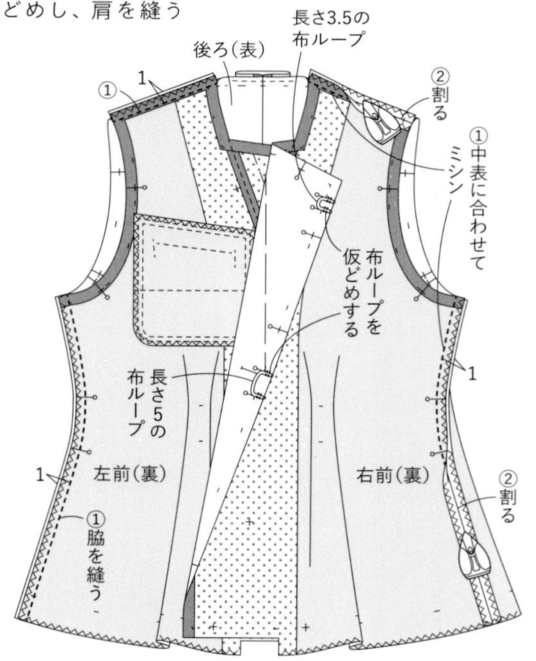

6　右見返しに比翼を作り、ボタン穴を作る
見返しの肩を縫う

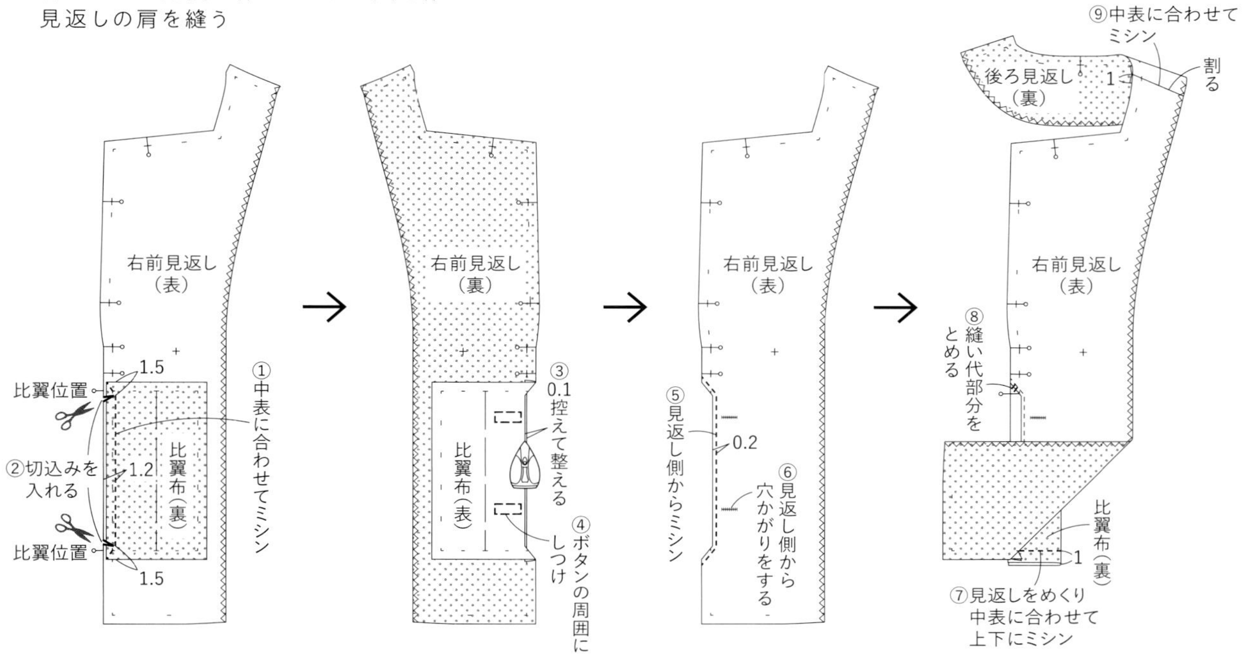

7　身頃と裏衿、見返しと表衿をそれぞれ縫い合わせる

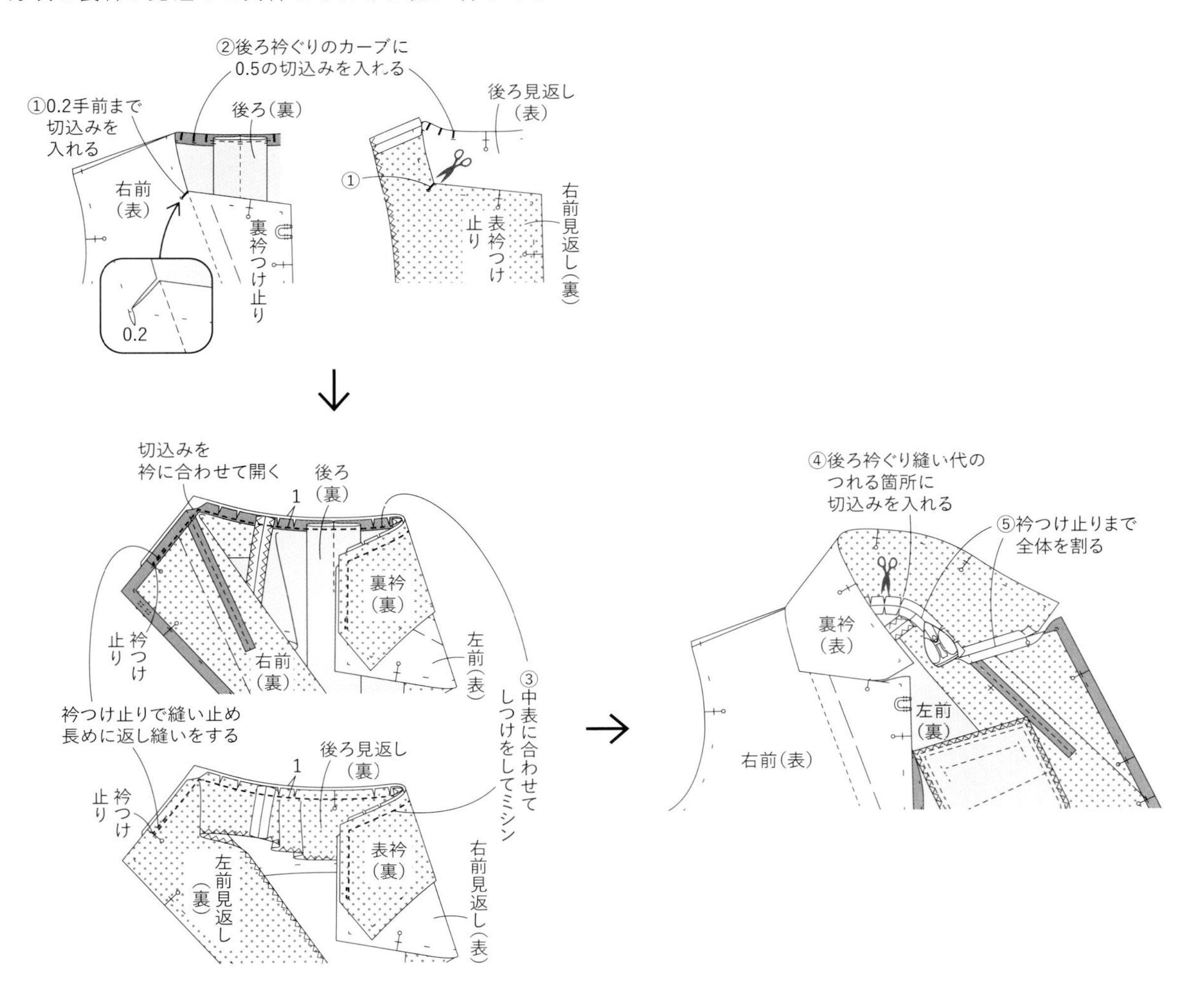

8　見返しの裾、前端、衿回りを縫う

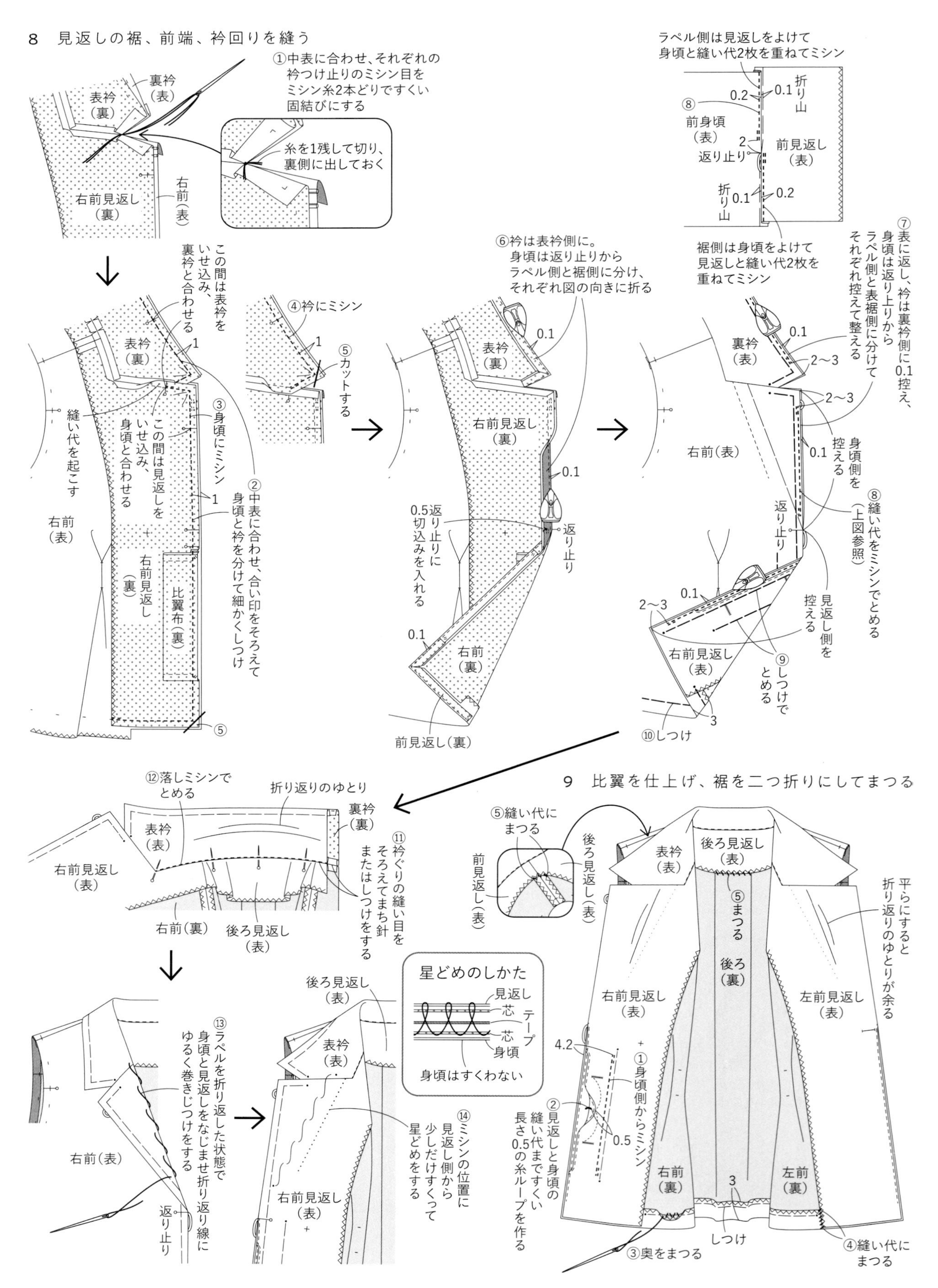

9　比翼を仕上げ、裾を二つ折りにしてまつる

10　袖を作る

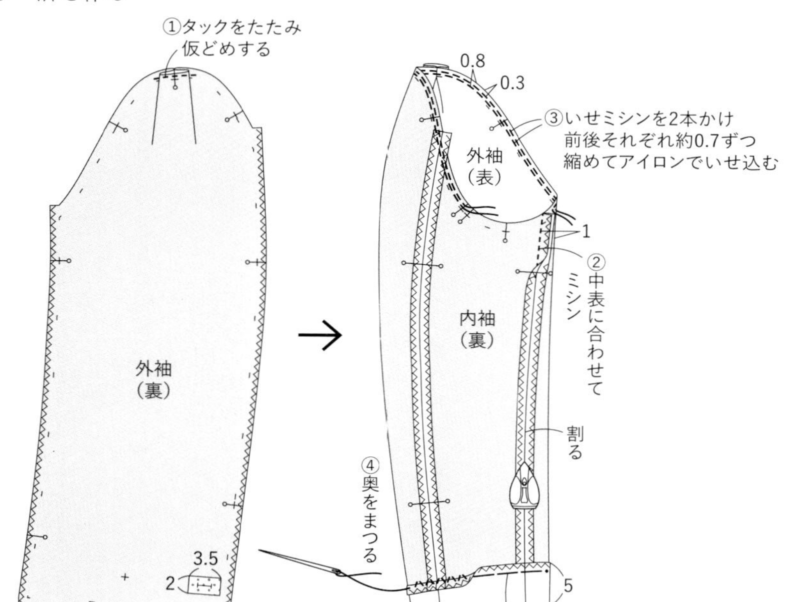

11　袖をつける

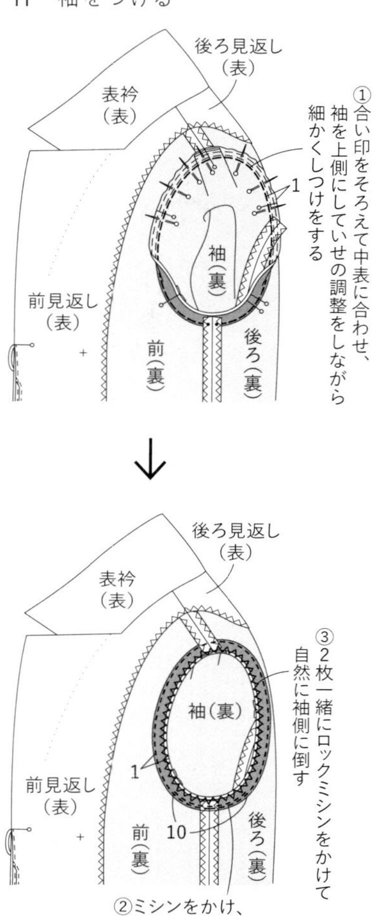

12　ベルトを作る

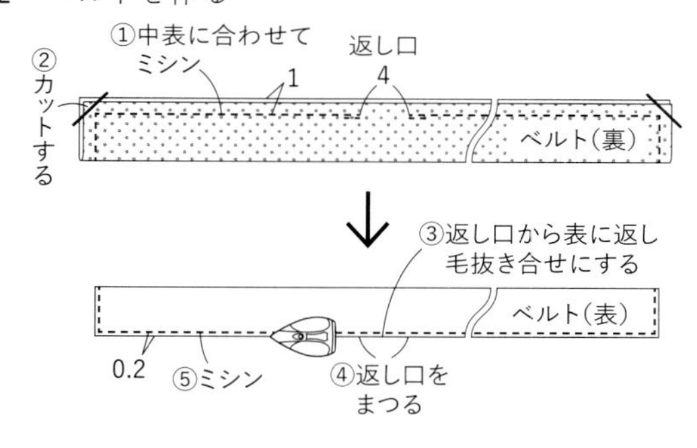

13　ベルトループを作り、脇につける

14　左前端、袖口にボタン穴を作り、ボタンをつける

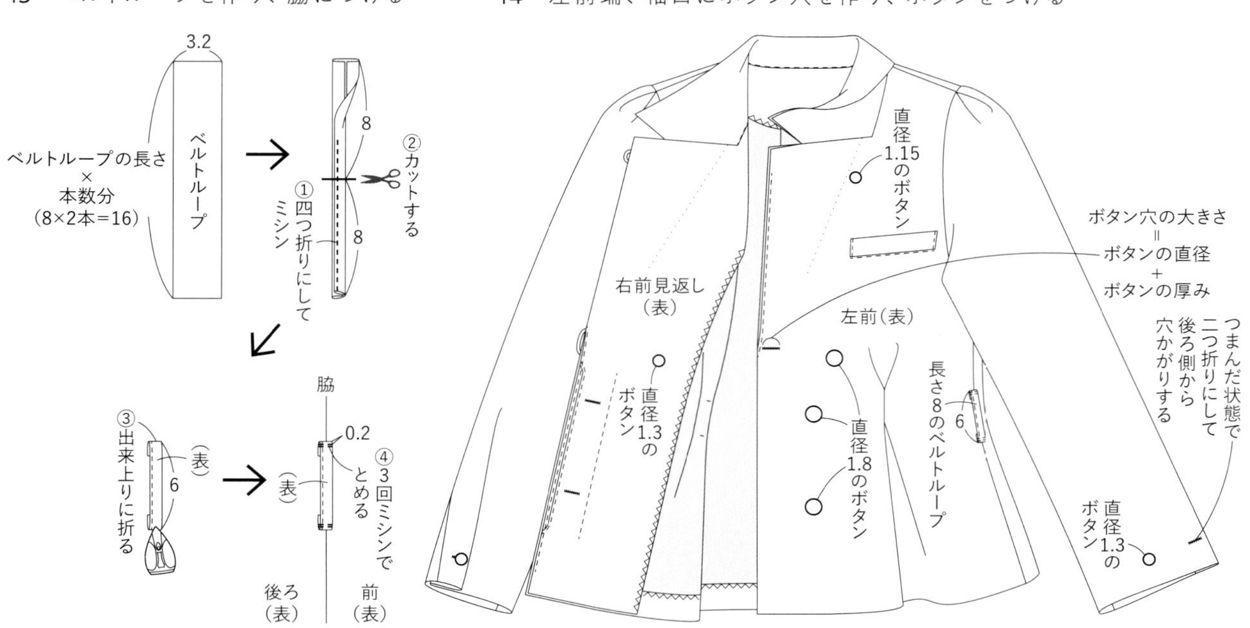

13・14 タックパンツ

13 P.20, 22, 23, 14 P.19, 24　実物大パターンはB面

◆ **材料**

13の表布　ウールシルクオックス（葛利毛織工業）：150cm幅S・M・L 2m10cm、2L・3L 2m20cm

14の表布　コットンハイカウントツイル（福田織物）：130cm幅S・M・L 2m30cm、2L・3L 2m40cm

別布（スレキ）：100cm幅 70cm

接着芯：90cm幅 13 1m、14 40cm

接着テープ：ストレート1.2cm幅 80cm

ストッパーつきファスナー（p.66参照）：18cm 1本

ダブル前かん：1個

ボタン：直径1.8cm 4個、1.5cm 3個、1cm 8個

スナップ：直径8mm 1組み

ボタンホールゴム：2.5cm幅 60cm

◆ **作り方**

準備

- 後ろウエスト見返し上、後ろ見返し下、ウエスト見返し上、前ウエスト見返し下、表前あき持出し、裏前あき持出し、前あき見返し、肩ひも、後ろポケット玉縁布、向う布、後ろポケット位置、裾ボタン穴位置に接着芯をはる
- 前脇ポケット口、ファスナー位置に接着テープをはる
- 前後パンツの脇、股下、股ぐり、後ろポケット口布奥と向う布奥にロックミシンをかける

作り方順序

1. 後ろポケットを作る
2. 脇を縫い、脇ポケットを作る（p.75参照）
3. 股下を縫う
4. 裾を三つ折りにして縫う
5. 前あきを残して股ぐりを縫う
6. 左前に前あき見返しを合わせ、一緒にウエスト見返し上をつける
7. ウエストのタックを縫う
8. 前あき持出しを作り、ファスナーの片方を仮どめする
9. 右前に持出しをつけ、見返しにファスナーの片方をつける
10. ウエスト見返し下をつけ、前あきのステッチをかける
11. ベルトループを作り（p.63参照）、つける
12. ボタン穴を作り、前かん、ボタン、スナップをつける。後ろウエストにボタンホールゴムテープを通す
13. 13は肩ひもを作る（p.63参照）

出来上り寸法　（単位はcm）

サイズ	S	M	L	2L	3L
股上	34	34.2	34.5	34.7	35
ウエスト全長	78.5	82.5	86.8	90.5	94.5
ヒップ	94	98	102	106	110
パンツ総丈	98.8	98.8	102.5	102.5	106.3

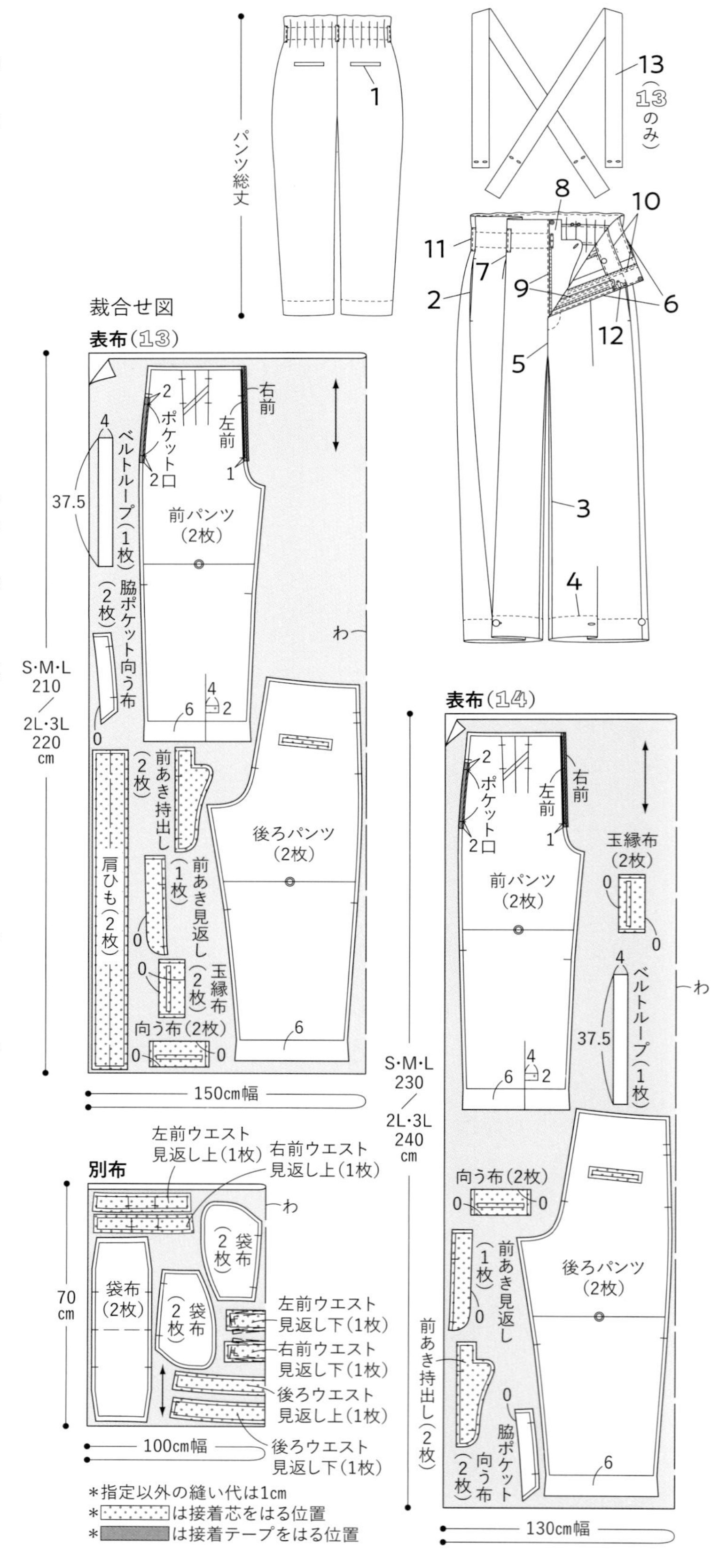

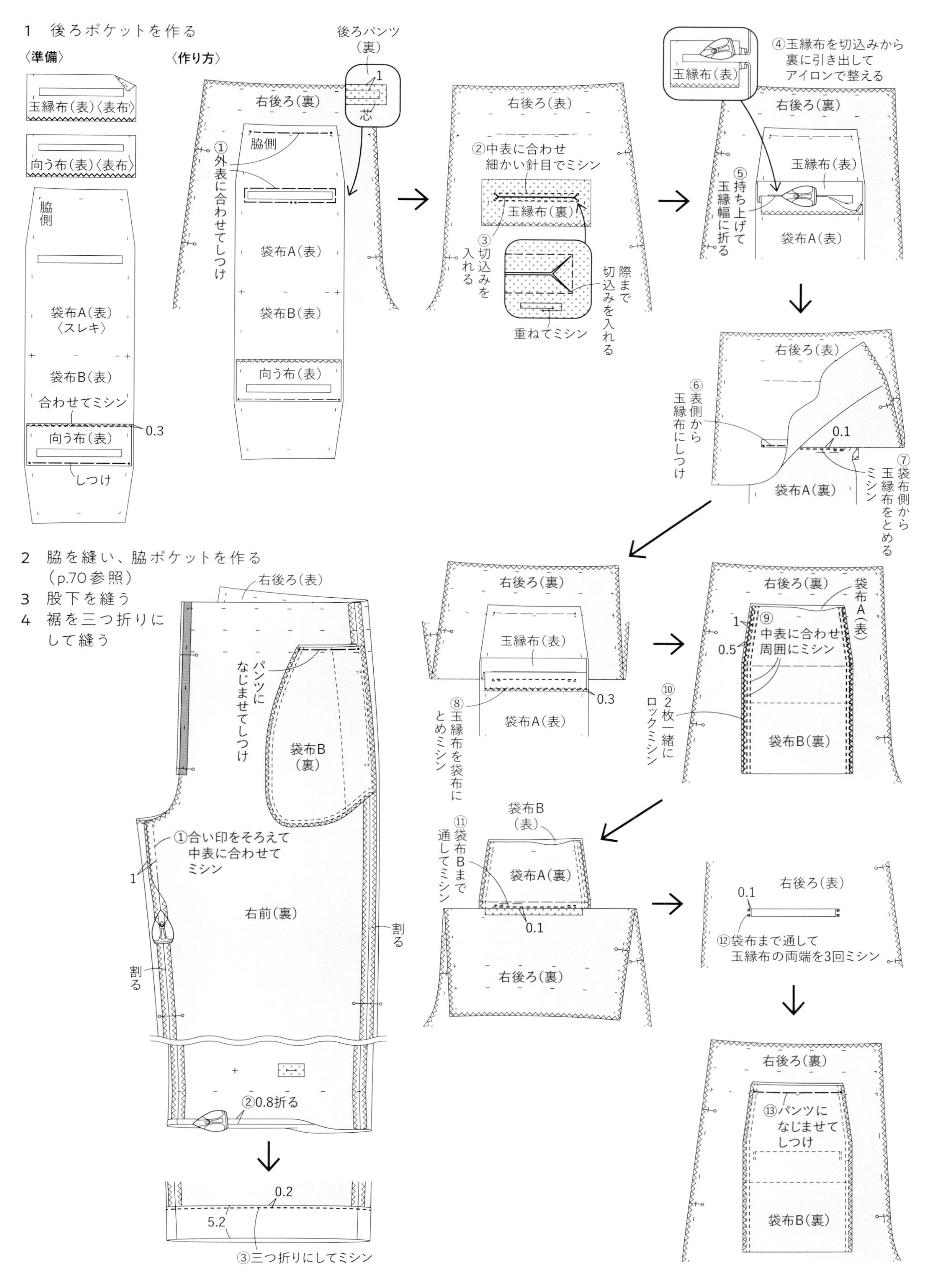
1 後ろポケットを作る
〈準備〉
玉縁布（表）〈表布〉
向う布（表）〈表布〉
脇側
袋布A（表）
〈スレキ〉
袋布B（表）
合わせてミシン
向う布（表）
0.3
しつけ
〈作り方〉
後ろパンツ
（裏）
1
芯
右後ろ（裏）
脇側
①外表に合わせてしつけ
袋布A（表）
袋布B（表）
向う布（表）
右後ろ（表）
②中表に合わせ
細かい針目でミシン
玉縁布（裏）
③切込みを入れる
際まで切込みを入れる
重ねてミシン
④玉縁布を切込みから
裏に引き出して
アイロンで整える
玉縁布（表）
右後ろ（表）
⑤持ち上げて玉縁幅に折る
玉縁布（表）
袋布A（表）
右後ろ（表）
⑥表側から玉縁布にしつけ
0.1
袋布A（裏）
⑦袋布側から玉縁布をとめるミシン
右後ろ（裏）
玉縁布（表）
0.3
⑧玉縁布を袋布にとめミシン
袋布A（表）
右後ろ（裏）
袋布A（表）
1
⑨中表に合わせ
周囲にミシン
0.5
⑩2枚一緒にロックミシン
袋布B（裏）
袋布B
（表）
⑪袋布Bまで通してミシン
袋布A（裏）
0.1
右後ろ（裏）
右後ろ（表）
0.1
⑫袋布まで通して
玉縁布の両端を3回ミシン
右後ろ（裏）
⑬パンツに
なじませて
しつけ
袋布B（裏）
2 脇を縫い、脇ポケットを作る
（p.70参照）
3 股下を縫う
4 裾を三つ折りに
して縫う
右後ろ（表）
パンツになじませてしつけ
袋布B
（裏）
①合い印をそろえて
中表に合わせて
ミシン
1
右前（裏）
割る
割る
②0.8折る
0.2
5.2
③三つ折りにしてミシン

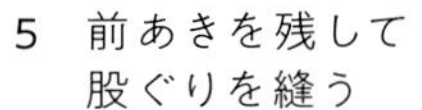

5　前あきを残して股ぐりを縫う

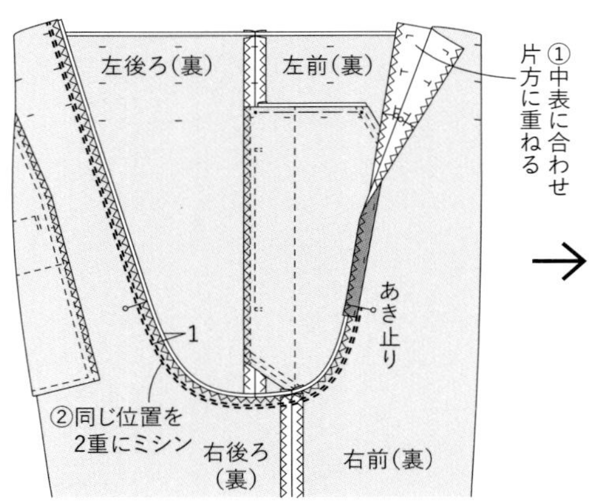

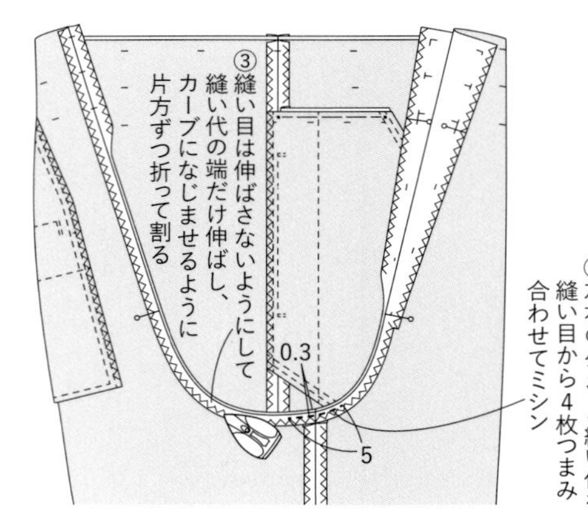

6　左前に前あき見返しを合わせ、一緒にウエスト見返し上をつける

前ウエスト見返し上(裏)
右前
①中表に合わせてミシン
割る
脇
後ろウエスト見返し上(裏)
1
1 右前
前ウエスト見返し下(裏)
1.2
1
1.7
ゴムテープ通し口
②出来上りに折る
後ろウエスト見返し下(裏)
左前
2
カットする

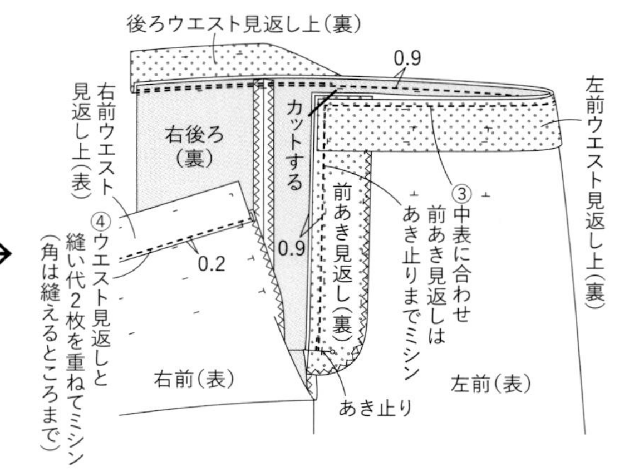

7　ウエストのタックを縫う

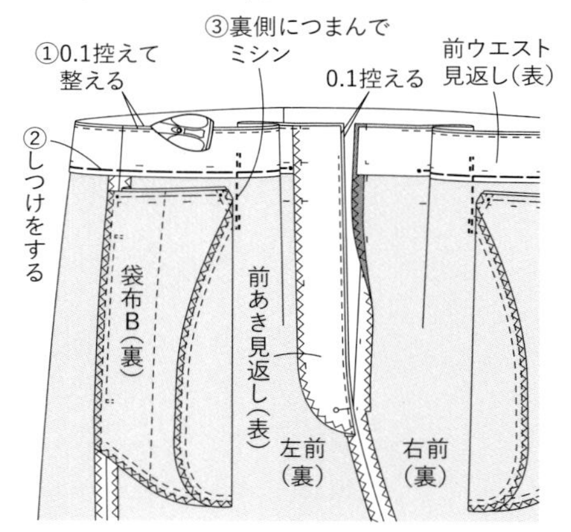

8　持出しを作り、ファスナーの片方を仮どめする

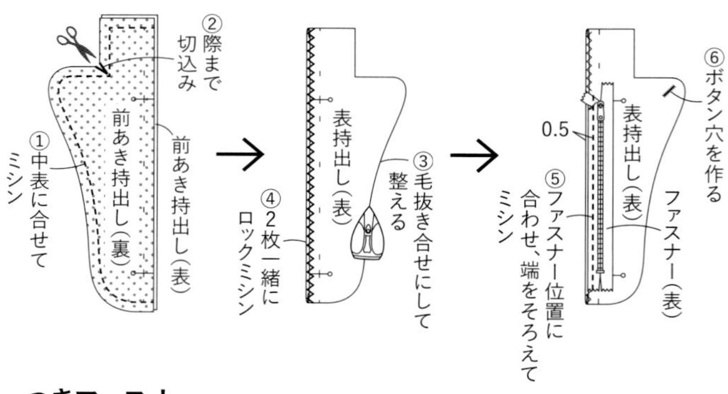

ストッパーつきファスナー

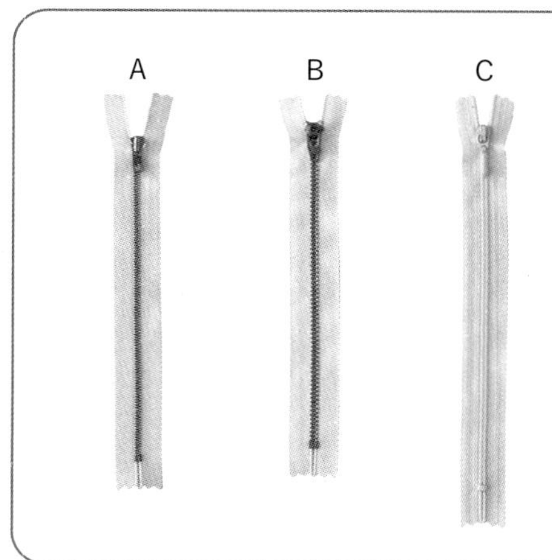

★ 02、08、13、14、17に使用するファスナーは、ボトム用のスライダーにストッパーがついているものを使用してください。

A：YKKメタルファスナーエクセラ(作品02、08、13、17に使用)
エレメントが高級感のあるきれいな金属製なので、上質な布地を使用したパンツやエレメントを見せるデザインなどに適している。02、13は18cm、08、17は25cmに止めを調整したものを使用。

B：YKKジーンズ用ファスナーワイジップ止め(作品14に使用)
一般的なジーンズ用のボトムファスナー。18cmを使用。

C：YKK3コイルファスナー止め
一般的な樹脂製のファスナー。ミシン針が刺さっても折れないためミシンかけが安全。A、Bの代用として使用できる。

9　右前に持出しをつけ、見返しにファスナーの片方をつける

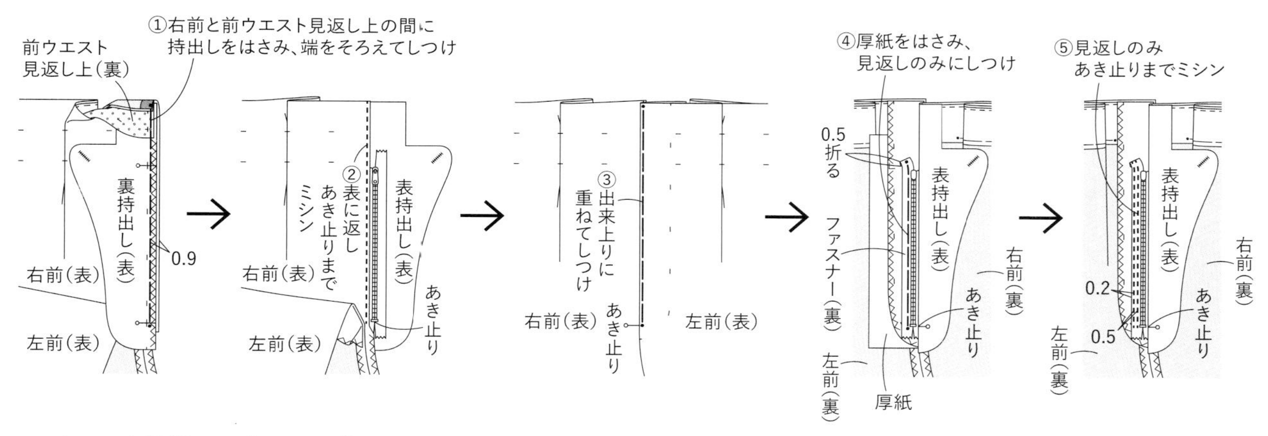

10　ウエスト見返し下をつけ、前あきのステッチをかける

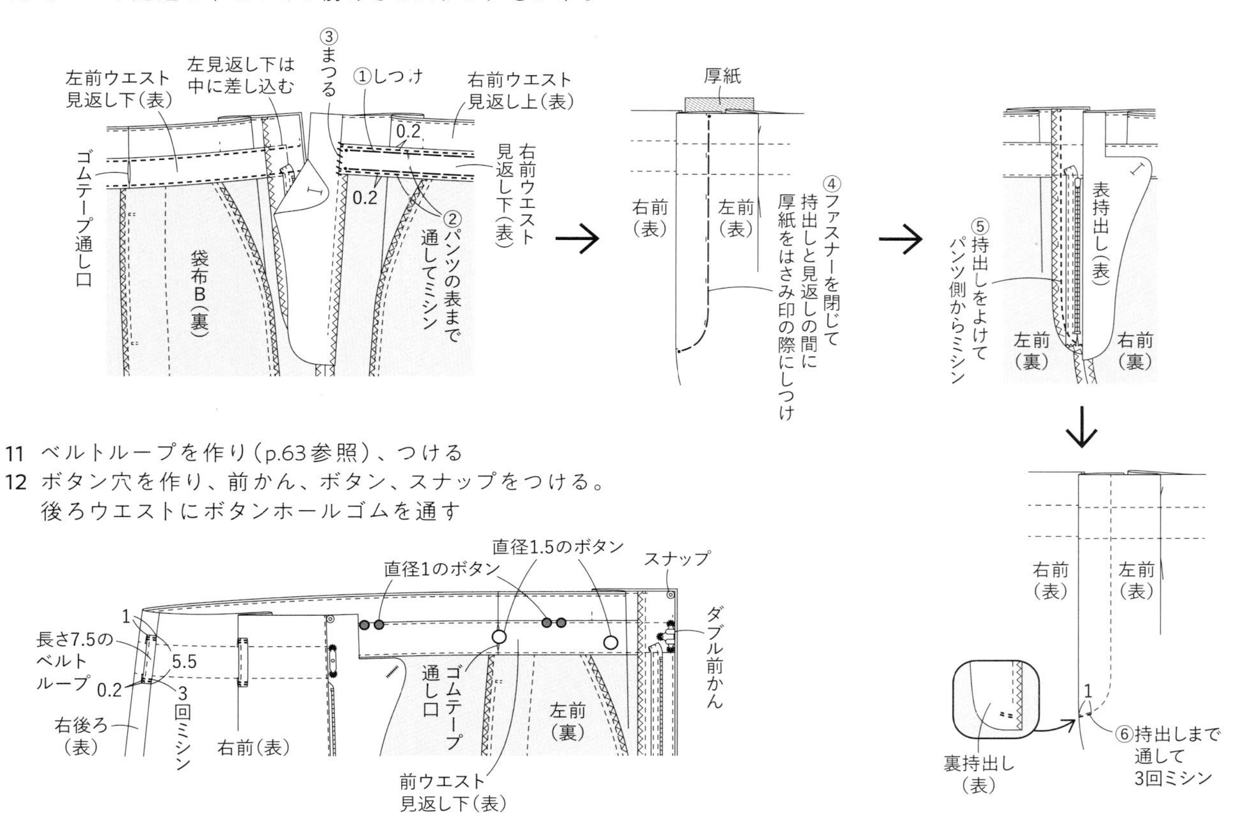

11　ベルトループを作り（p.63参照）、つける
12　ボタン穴を作り、前かん、ボタン、スナップをつける。
後ろウエストにボタンホールゴムを通す

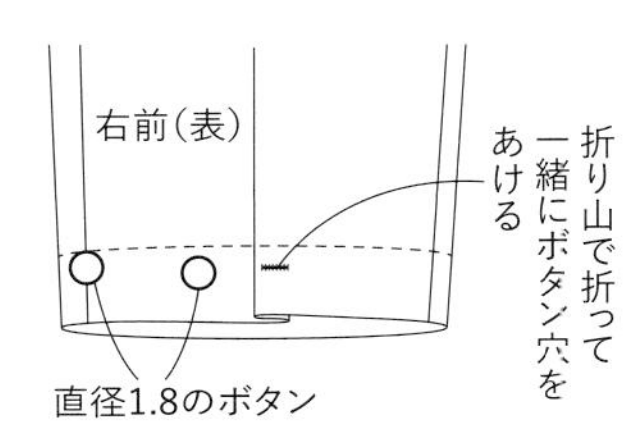

13　13は肩ひもを作る（p.63参照）

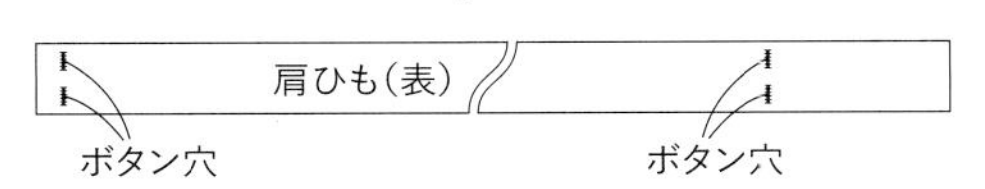

ボタンホールゴム

（25㎜幅1.2m巻き・ボタン2個つき）

テープ幅の中央部に等間隔に作られたボタンホールのある織りゴムです。ボタンを使ってサイズ調整が可能なので、特にサイズ変化の激しいマタニティウェアや子ども服などのウエスト部分に使用されます。パンツのウエスト部分を筒状にした中にボタンホールゴムを入れ、テープを長めに出して、ちょうどいい締めつけのところでボタンをとめてサイズ調整をします。

15 ドレスコート

P.26, 27 実物大パターンはA、D面

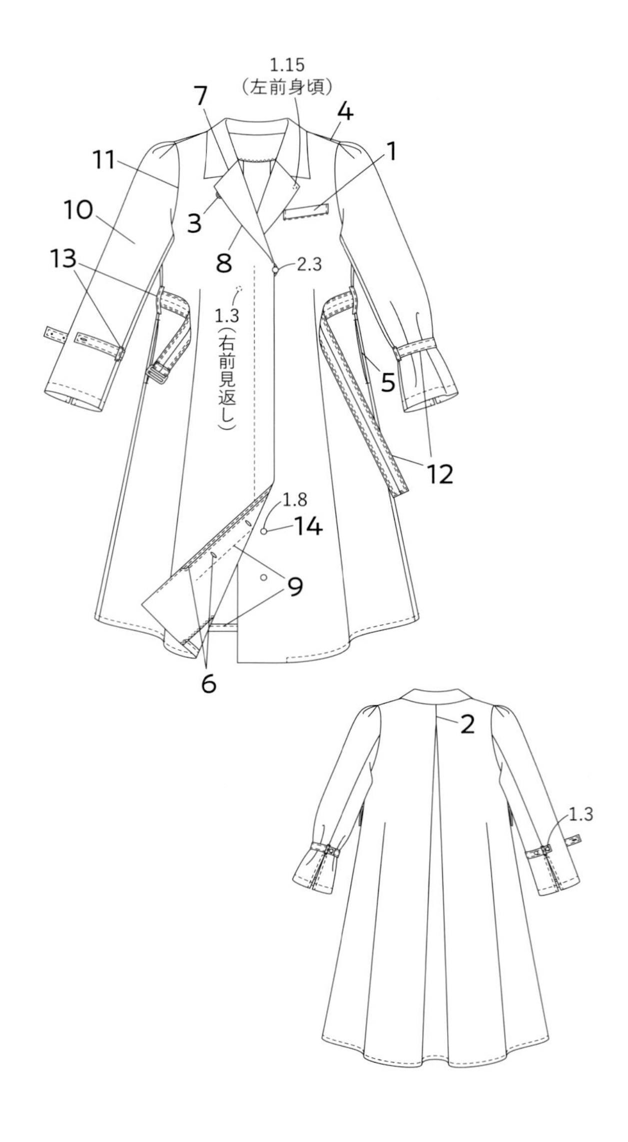

◆ 材料

表布　綿シルクミコツイル(福田織物):153cm幅S・M・L 3m30cm、2L・3L 3m40cm
別布(スレキ):100cm幅40cm
接着芯:90cm幅S・M・L 1m60cm、2L・3L 1m70cm
接着テープ(前端、ラペル回り、衿ぐり、前肩線、袖ぐり、前脇ポケット口):ハーフバイアス1.2cm幅 4m50cm、(返り奥ステッチ位置):ストレート1.2cm幅 80cm
バックル:内径4cm 1個
ボタン:直径2.3cm 1個、1.8cm 7個、1.3cm 5個、1.15cm 1個

◆ 作り方

準備(p.59参照)

・前身頃、胸ポケット位置、胸ポケット口布、前見返し、後ろ見返し、表衿、裏衿、比翼布、ベルトに接着芯をはる
・前端、ラペル回り、衿ぐり、前肩線、袖ぐり、返り奥ステッチ位置、前脇ポケット口に接着テープをはる
・前後身頃の肩、脇、前後見返しの奥、袖の切替え線、胸ポケット向う布奥、脇ポケット向う布奥にロックミシンをかける
・返り線奥のテープをミシンでとめる

作り方順序

1 胸ポケットを作る(p.59参照)
2 後ろ中心のタックを縫う
3 布ループを作る(p.60参照)
4 布ループを仮どめし、肩を縫う(p.60参照)
5 脇を縫い、脇ポケットを作る
6 右見返しに比翼を作り、ボタン穴を作る。見返しの肩を縫う(p.61参照)
7 身頃と裏衿、見返しと表衿をそれぞれ縫い合わせる(p.61参照)
8 見返しの裾、前端、衿回りを縫う(p.62参照)
9 比翼を仕上げ、裾を三つ折りにして縫う
10 袖を作る
11 袖をつける(p.63参照)
12 ベルト、袖口ベルトを作る
13 ベルトループを作り、脇と袖口につける(p.63参照)
14 左前端、袖口ベルトにボタン穴を作りボタンをつける(p.63参照)

出来上り寸法　(単位はcm)

サイズ	S	M	L	2L	3L
バスト	95	99	103	107	111
肩幅	33.2	34.5	36	37.1	38.4
袖丈	60	60	61	61	63
着丈	114	114.2	117.8	118	121.8

*着丈は後ろ中心の衿ぐりからの長さです

見返しの縫い代をパイピング仕立てにする場合

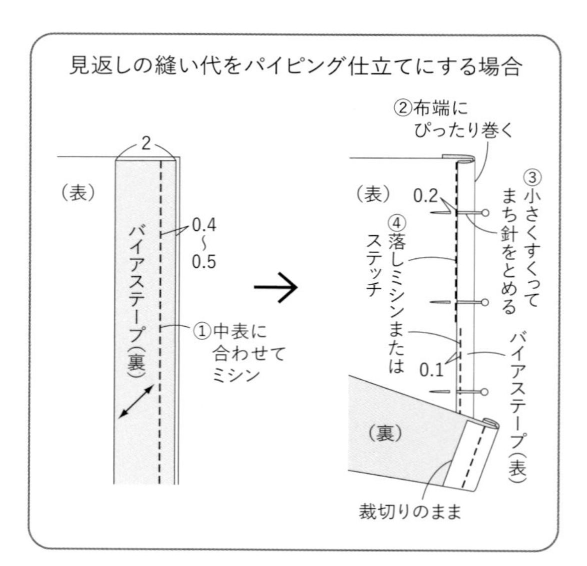

1　胸ポケットを作る(p.59参照)
2　後ろ中心のタックを縫う

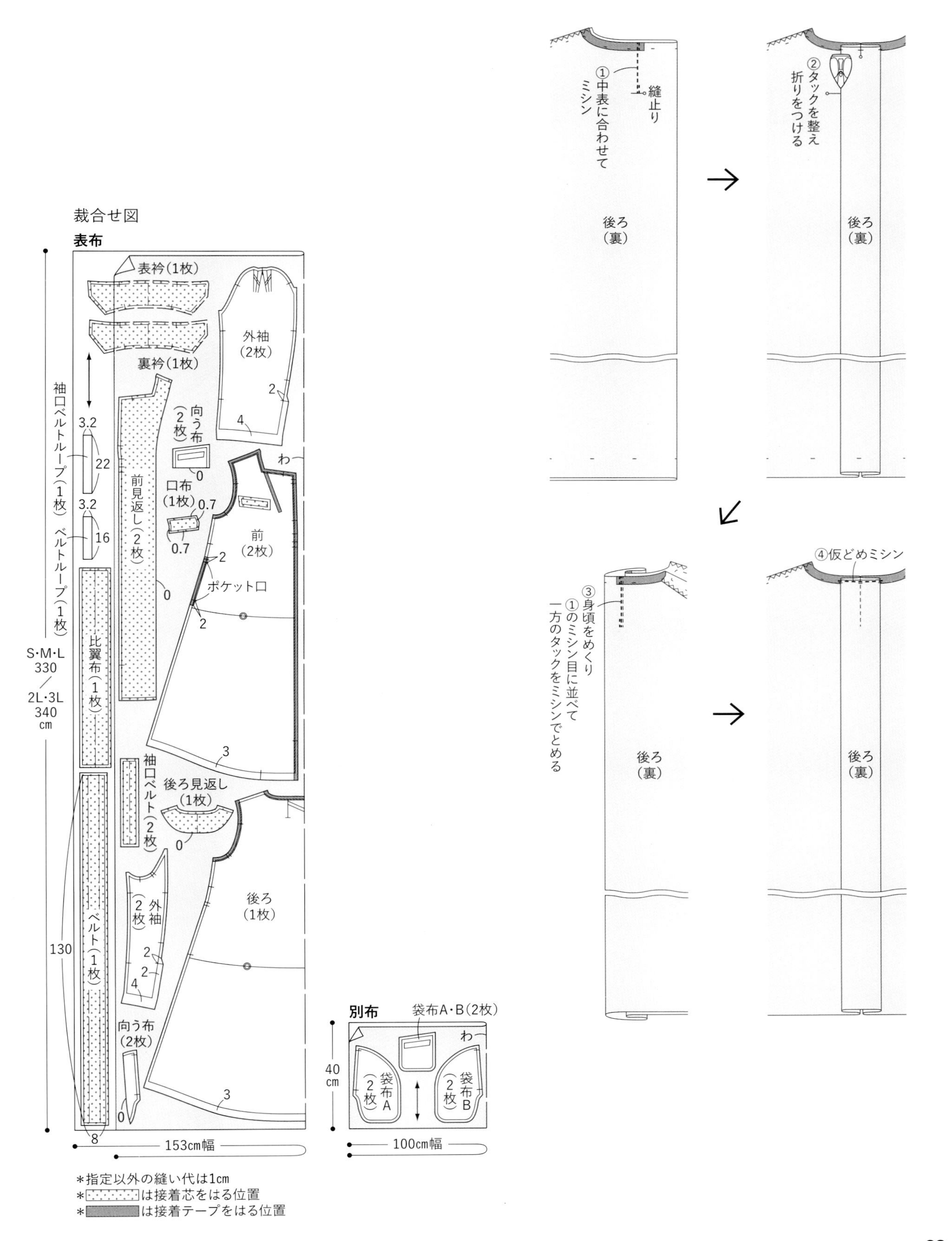

＊指定以外の縫い代は1cm
＊▒は接着芯をはる位置
＊■は接着テープをはる位置

3　布ループを作る（p.60参照）
4　布ループを仮どめし、肩を縫う（p.60参照）

5　脇を縫い、脇ポケットを作る

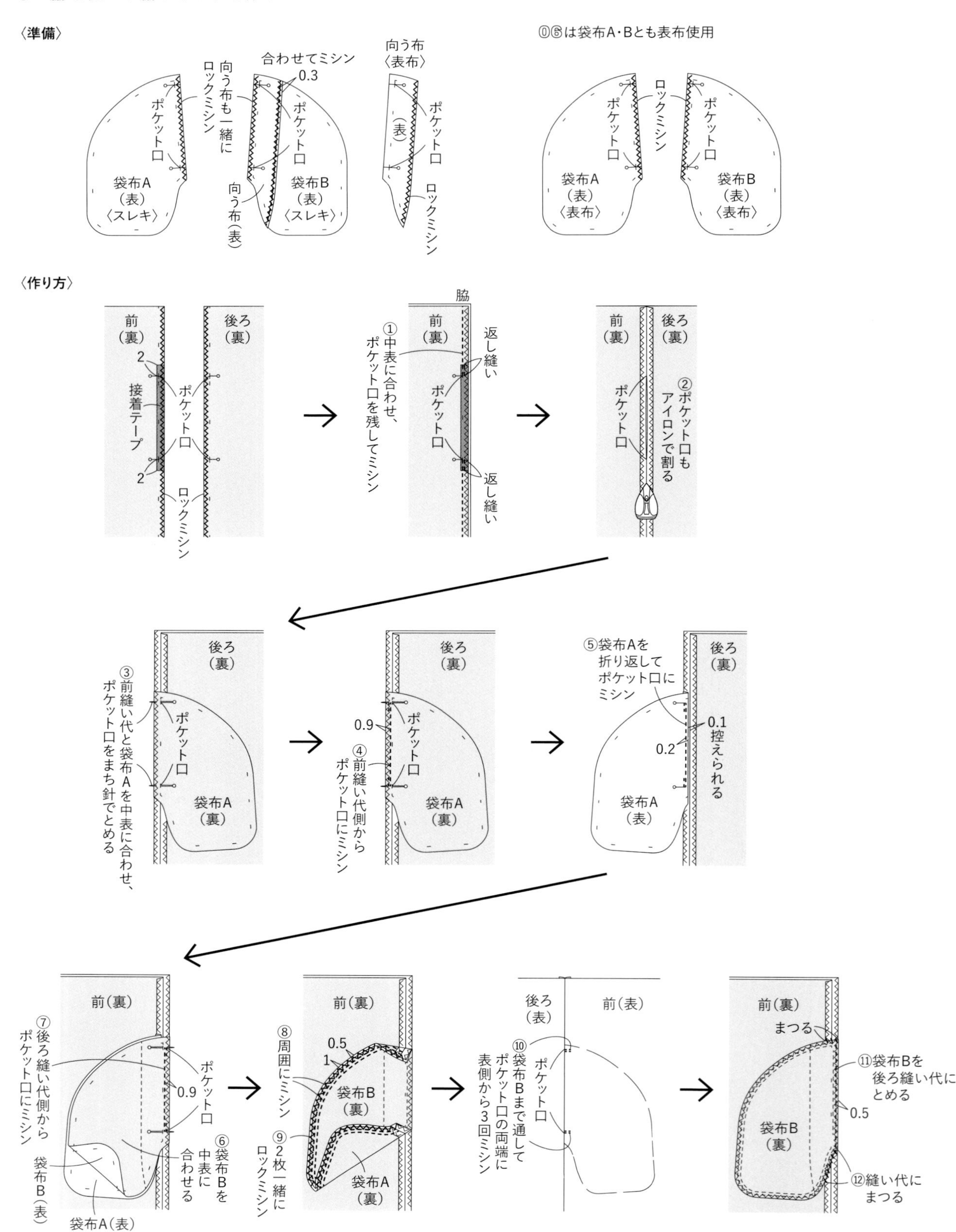

6 右見返しに比翼を作り、ボタン穴を作る。見返しの肩を縫う（p.61参照）
7 身頃と裏衿、見返しと表衿をそれぞれ縫い合わせる（p.61参照）
8 見返しの裾、前端、衿回りを縫う（p.62参照）

9 比翼を仕上げ、裾を三つ折りにして縫う

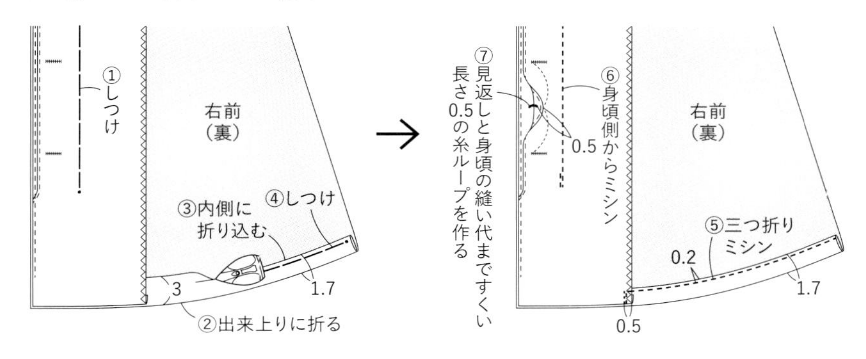

10 袖を作る

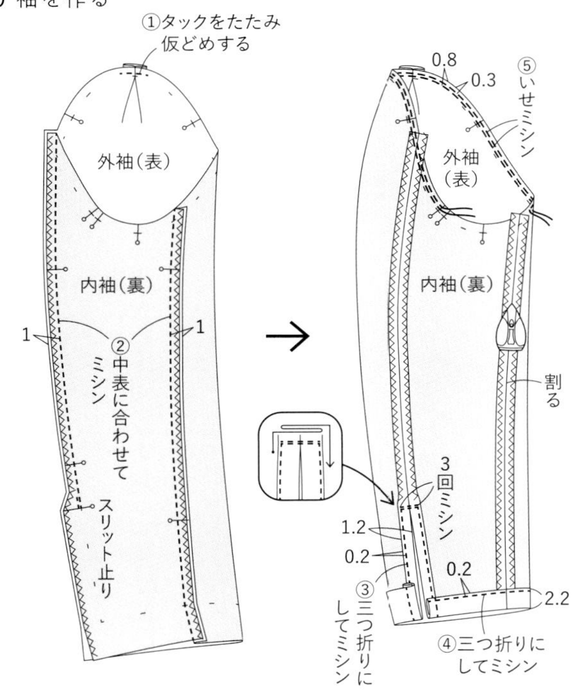

12 ベルト、袖口ベルトを作る

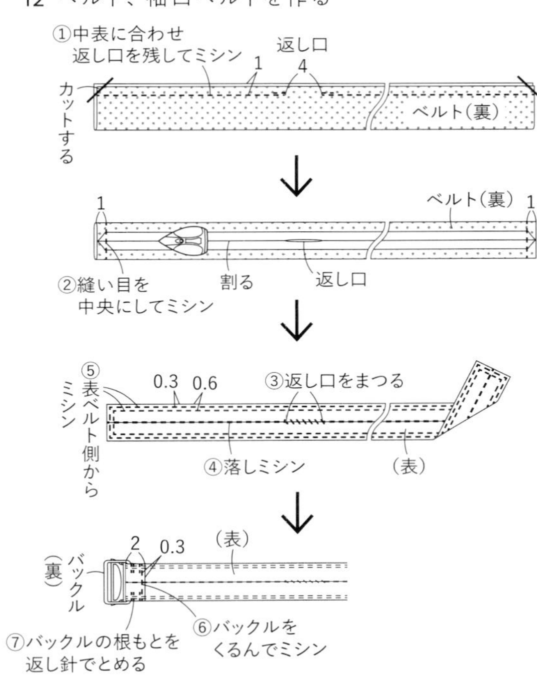

11 袖をつける（p.63参照）

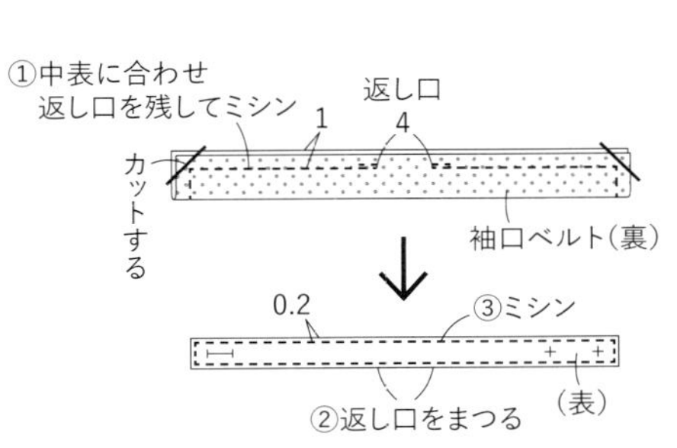

13 ベルトループを作り、脇と袖口につける（p.63参照）

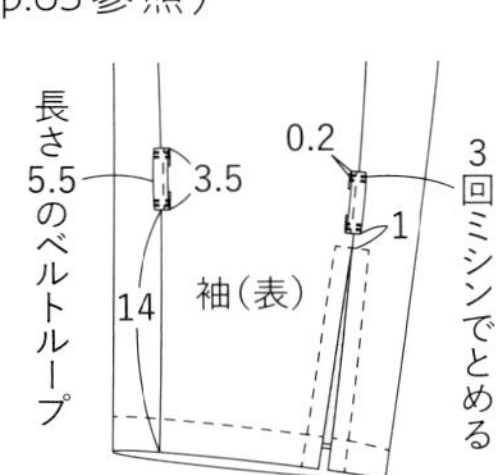

14 左前端、袖口ベルトにボタン穴を作り、ボタンをつける（p.63参照）

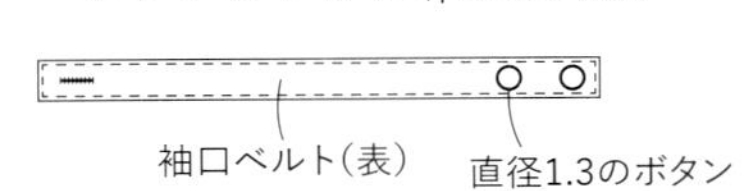

16 ベスト

P.10, 28, 30 実物大パターンはA、D面

◆ 材料

表布 ピンタック格子織りコットン（福田織物）：108cm幅2m30cm
別布：50×50cm
接着芯：90cm幅80cm
スナップ：直径2cm 3組み

◆ 作り方

準備

- 前見返し、後ろ見返し、後ろベルトに接着芯をはる
- 肩、脇、裾、前見返し、後ろ見返しの奥にロックミシンをかける

作り方順序

1 後ろベルトを作る
2 身頃の切替え線を縫う
3 身頃、見返しの肩をそれぞれ縫う
4 袖ぐりをバイアス布で始末する
5 後ろベルトをはさみ脇を縫う
6 身頃と見返しを合わせて縫い返す
7 裾を二つ折りにしてまつる（p.51参照）
8 スナップをつける

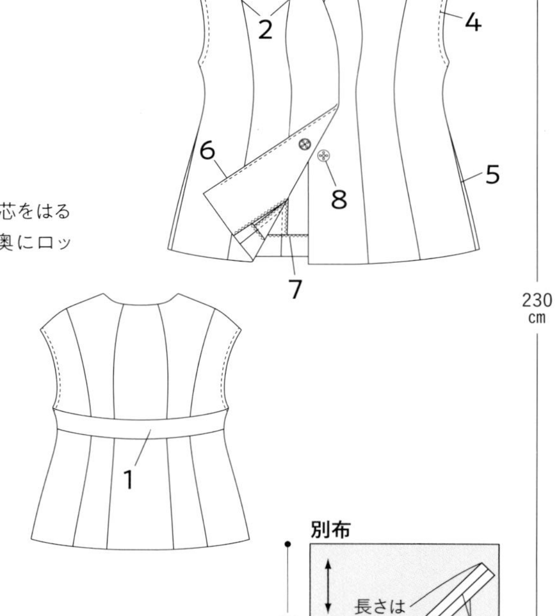

裁合せ図

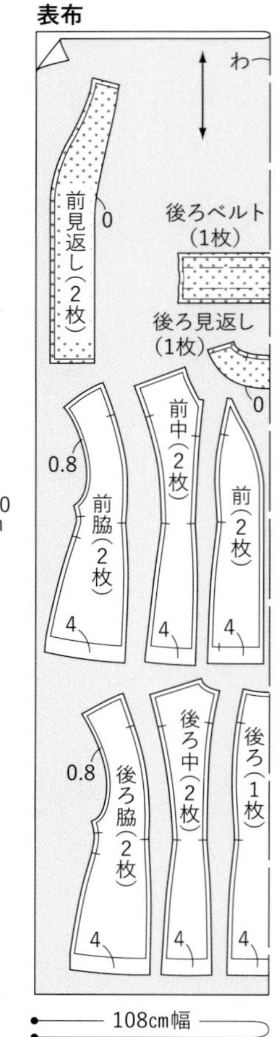

別布

長さはp.73
2.4
袖ぐりバイアス布（2枚）
50cm
50cm

＊指定以外の縫い代は1cm
＊［点線部］は接着芯をはる位置

1 後ろベルトを作る

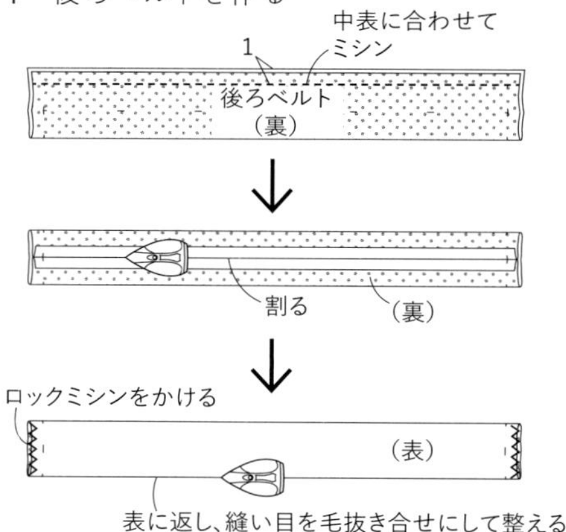

2 身頃の切替え線を縫う
3 身頃、見返しの肩をそれぞれ縫う

③中表に合わせてミシン
1
割る
後ろ（表）
①中表に合わせてミシン
1
②2枚一緒にロックミシンをかけて中心側に倒す
前（裏）
前中（裏）
前脇（裏）
1
3
カットする
見返し位置

出来上り寸法（単位はcm）

サイズ	S	M	L	2L	3L
バスト	87.2	91.2	95.2	99.3	103.3
肩幅	52.7	54.2	55.6	57.1	58.6
着丈	61.7	61.9	62.7	62.9	63.7

＊着丈は後ろ中心の衿ぐりからの長さです

4 袖ぐりをバイアス布で始末する

5 後ろベルトをはさみ脇を縫う

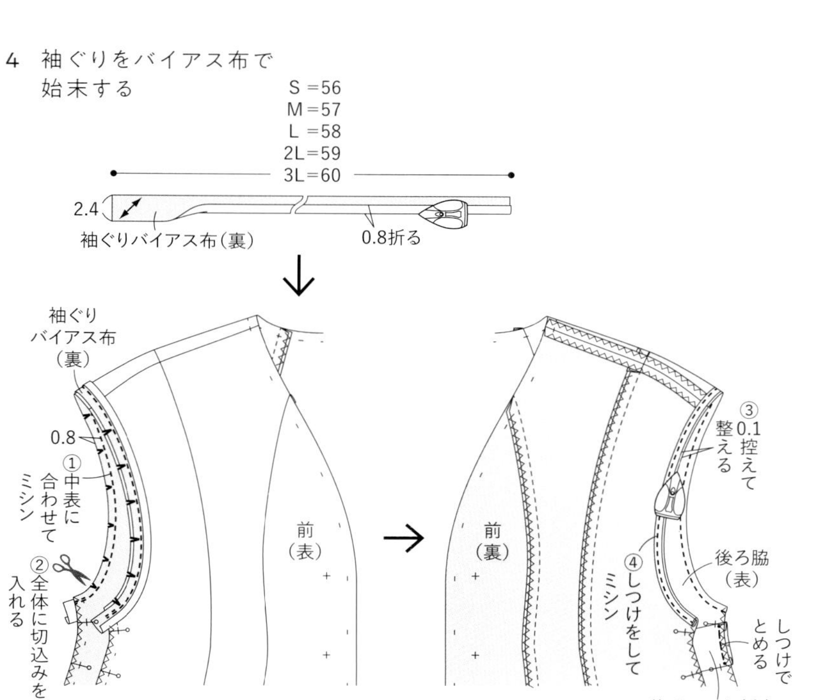

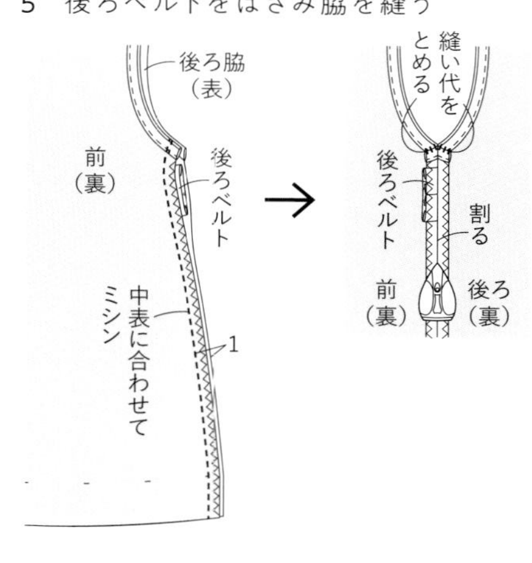

6 身頃と見返しを合わせて縫い返す

7 裾を二つ折りにしてまつる（p.51参照）

8 スナップをつける

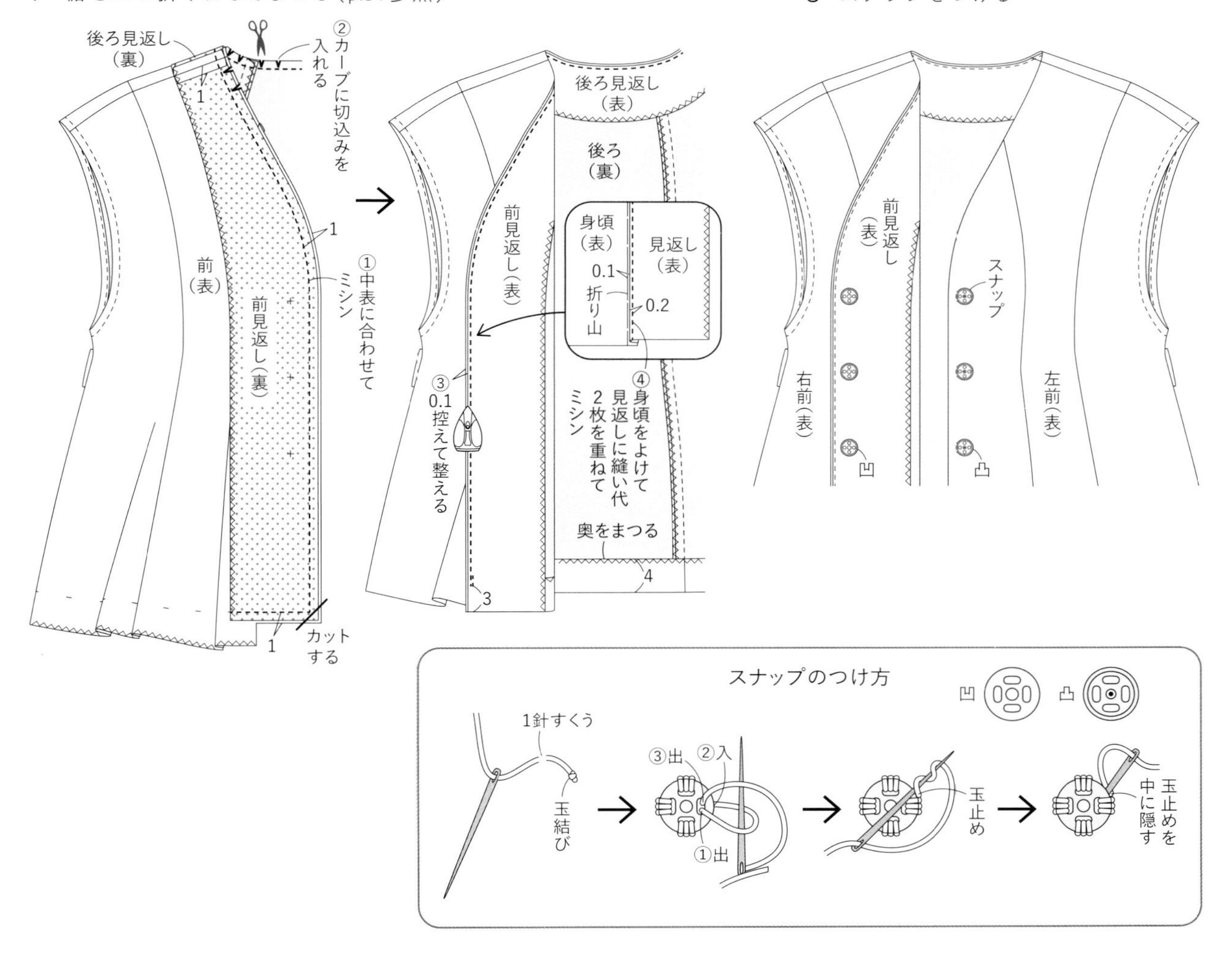

ナロースカート

P.7, 28 実物大パターンはＤ面

◆ 材料

表布 **ピンタック格子織りコットン（福田織物）**：108cm幅S・M・L 2m10cm、2L・3L 2m20cm
別布（スレキ）：100cm幅50cm
接着芯：90cm幅50cm
接着テープ：ストレート1.2cm幅 40cm
ストッパーつきファスナー（p.66参照）：25cm 1本

◆ 作り方

準備
・前ウエスト見返し、後ろウエスト見返し、ベンツの持出し、見返し、後ろあき見返しに接着芯をはる
・後ろ中心、脇、裾、後ろあき見返しの奥にロックミシンをかける

作り方順序
1 後ろあき当て布を作る。後ろ中心を縫い、後ろファスナー位置を見返しで縫い返す
2 ファスナーをつけ、後ろあき当て布をつける
3 ベンツを作る
4 脇を縫い、脇ポケットを作る
5 ダーツを縫い、中心側に倒す
6 ウエスト見返しの脇を縫い、スカートと合わせて縫い返す
7 裾を二つ折りにして奥をまつる
8 ベルトループを作り、つける
9 ひもを作る

出来上り寸法 （単位はcm）

サイズ	S	M	L	2L	3L
ウエスト	65	69	73	77	81
ヒップ	90	94	98	102	106
スカート総丈	86.5	86.5	90	90	93.5

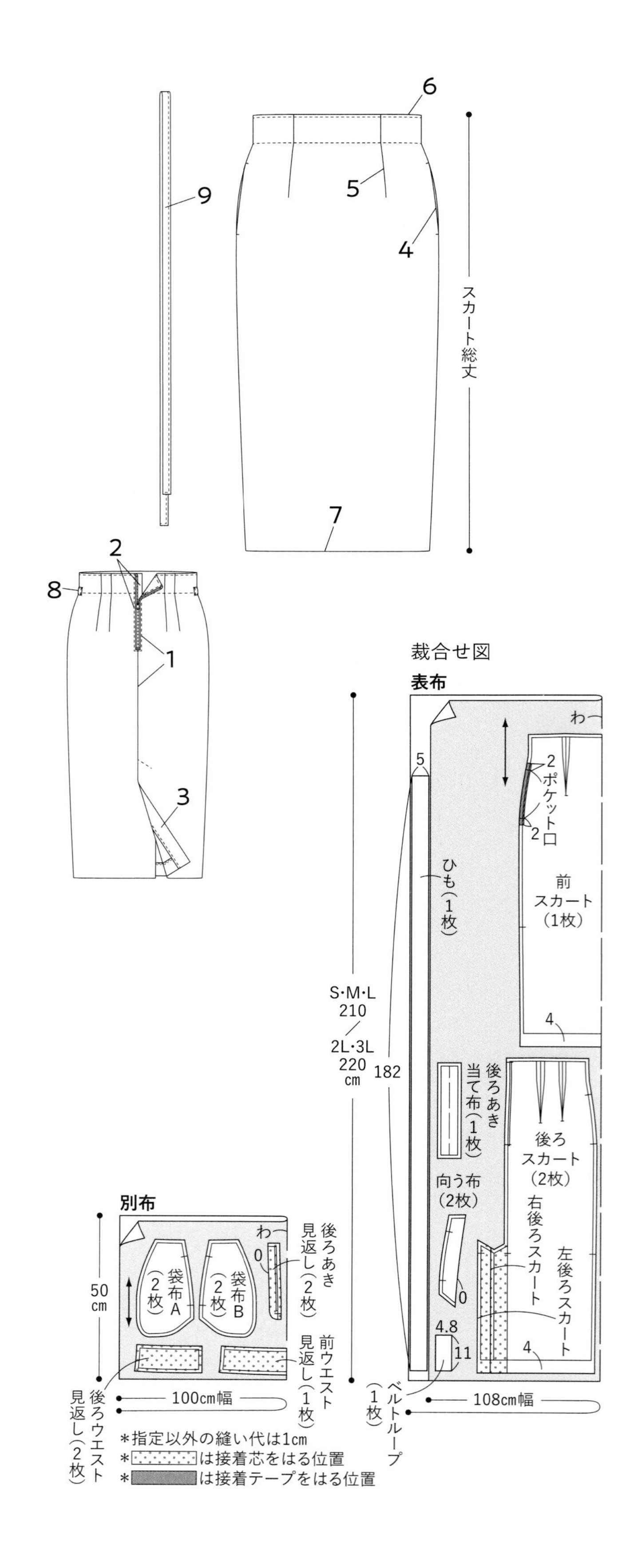

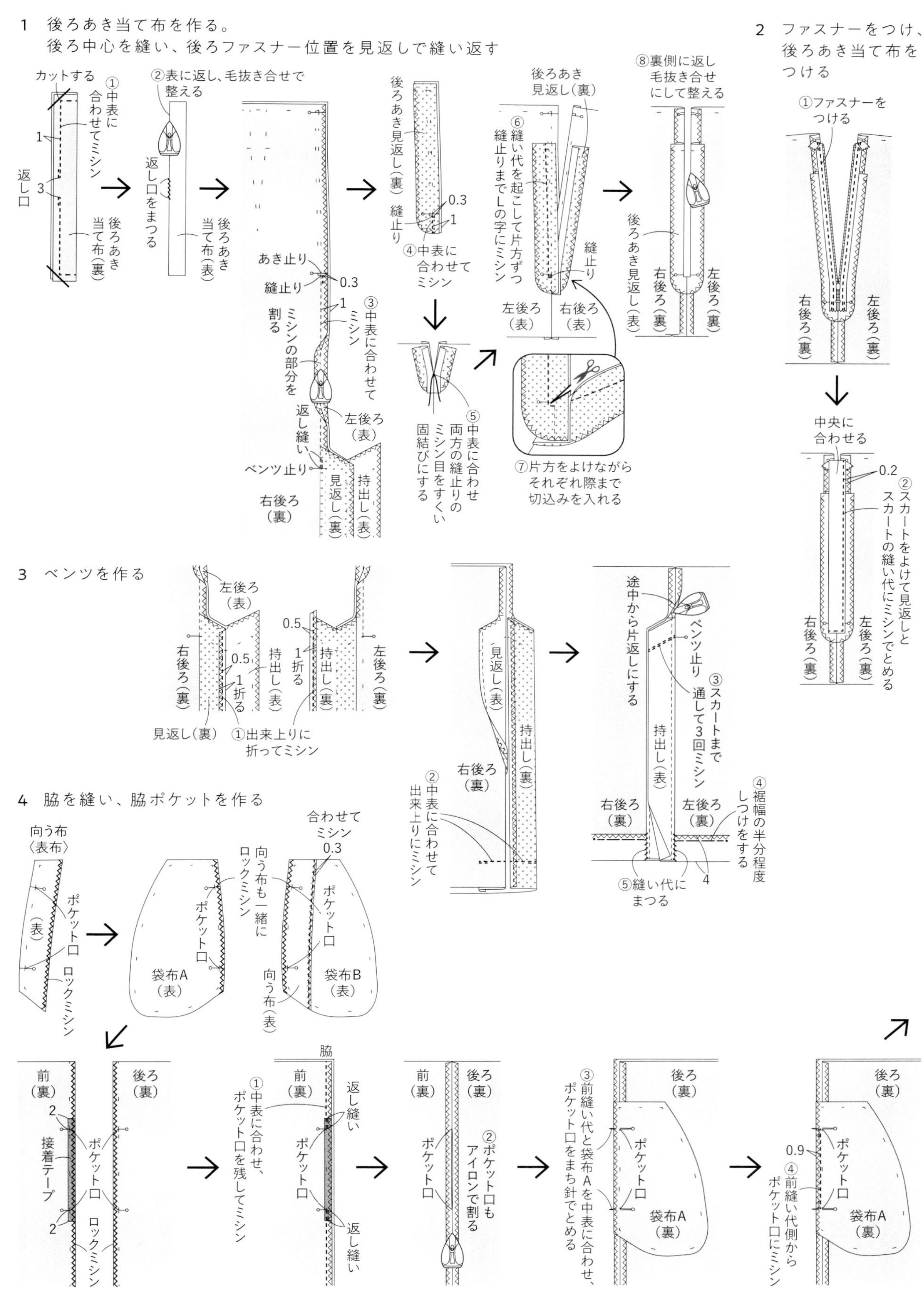

1　後ろあき当て布を作る。
後ろ中心を縫い、後ろファスナー位置を見返しで縫い返す
カットする
①中表に合わせてミシン
1
3
返し口
後ろあき当て布（裏）
②表に返し、毛抜き合せで整える
返し口をまつる
後ろあき当て布（表）
あき止り
縫止り
0.3
1
③中表に合わせてミシン
割る
ミシンの部分を
返し縫い
左後ろ（表）
ベンツ止り
右後ろ（裏）
見返し（裏）
持出し（表）
後ろあき見返し（裏）
縫止り
0.3
1
④中表に合わせてミシン
⑤中表に合わせ両方の縫止りのミシン目をすくい固結びにする
後ろあき見返し（裏）
⑥縫い代を起こして片方ずつ縫止りまでLの字にミシン
縫止り
左後ろ（表）
右後ろ（表）
⑦片方をよけながらそれぞれ際まで切込みを入れる
⑧裏側に返し毛抜き合せにして整える
後ろあき見返し（表）
右後ろ（裏）
左後ろ（裏）
2　ファスナーをつけ、後ろあき当て布をつける
①ファスナーをつける
右後ろ（裏）
左後ろ（裏）
中央に合わせる
0.2
②スカートをよけて見返しとスカートの縫い代にミシンでとめる
右後ろ（裏）
左後ろ（裏）
3　ベンツを作る
左後ろ（表）
右後ろ（裏）
0.5
1折る
持出し（表）
見返し（裏）
①出来上りに折ってミシン
0.5
1折る
持出し（裏）
左後ろ（裏）
見返し（表）
持出し（裏）
右後ろ（裏）
②中表に合わせて出来上りにミシン
途中から片返しにする
ベンツ止り
③スカートまで通して3回ミシン
持出し（表）
右後ろ（裏）
左後ろ（裏）
④裾幅の半分程度しつけをする
4
⑤縫い代にまつる
4　脇を縫い、脇ポケットを作る
向う布〈表布〉
（表）
ポケット口
ロックミシン
ポケット口
袋布A（表）
向う布も一緒にロックミシン
合わせてミシン
0.3
ポケット口
向う布（表）
袋布B（表）
前（裏）
後ろ（裏）
2
接着テープ
ポケット口
2
ロックミシン
脇
①中表に合わせ、ポケット口を残してミシン
返し縫い
ポケット口
返し縫い
前（裏）
後ろ（裏）
ポケット口
②ポケット口もアイロンで割る
③前縫い代と袋布Aを中表に合わせ、ポケット口をまち針でとめる
後ろ（裏）
ポケット口
袋布A（裏）
後ろ（裏）
0.9
ポケット口
④前縫い代側からポケット口にミシン
袋布A（裏）

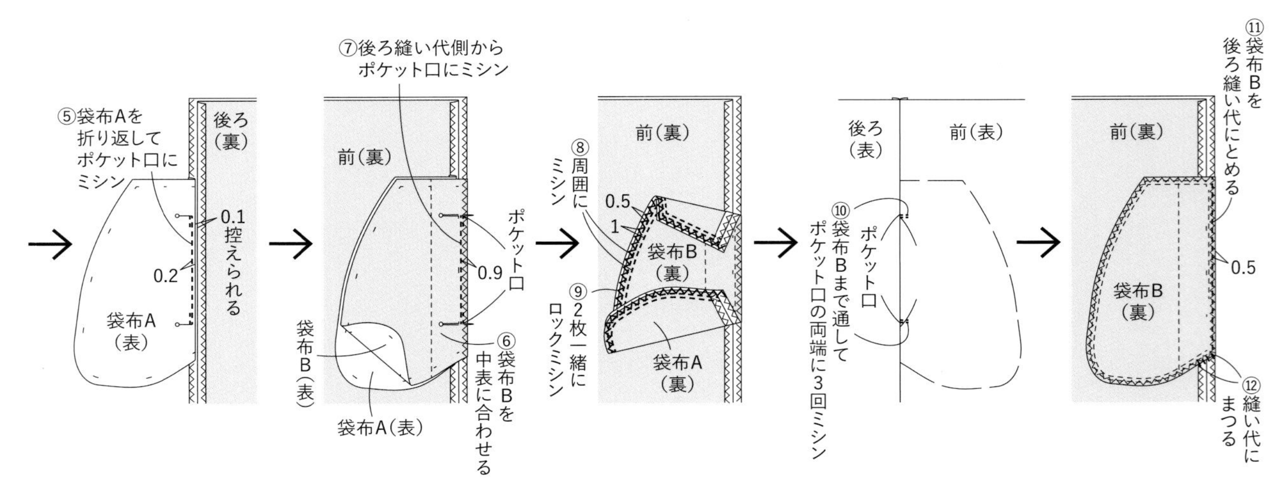

5　ダーツを縫い、中心側に倒す

6　ウエスト見返しの脇を縫い、スカートと合わせて縫い返す

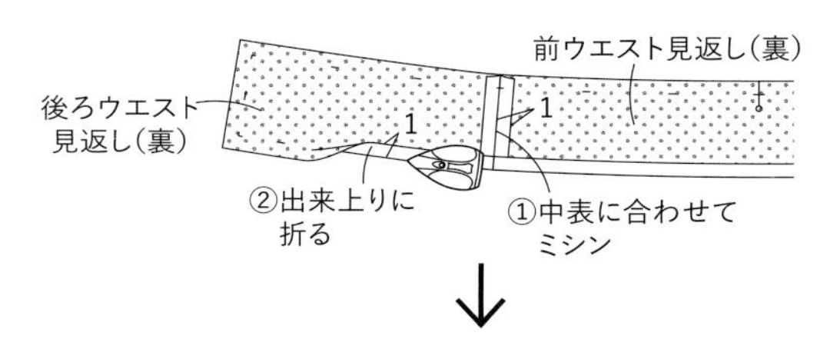

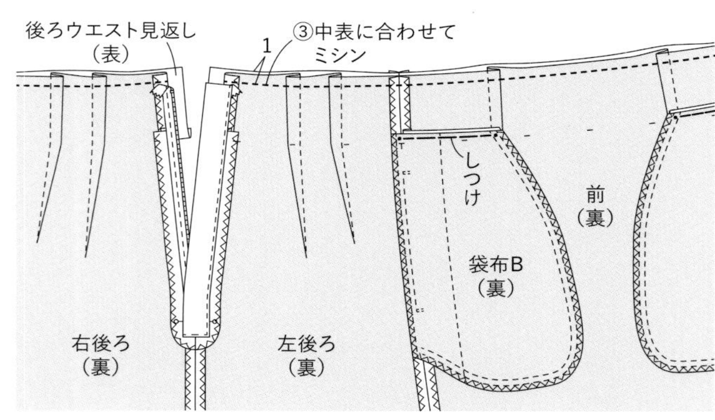

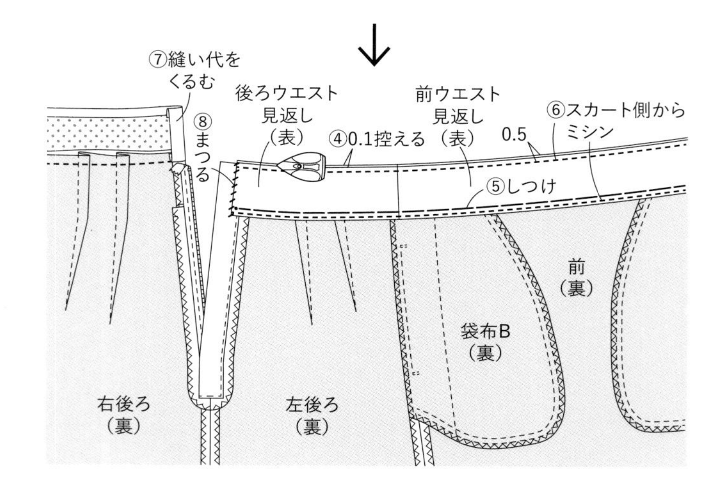

7　裾を二つ折りにして奥をまつる

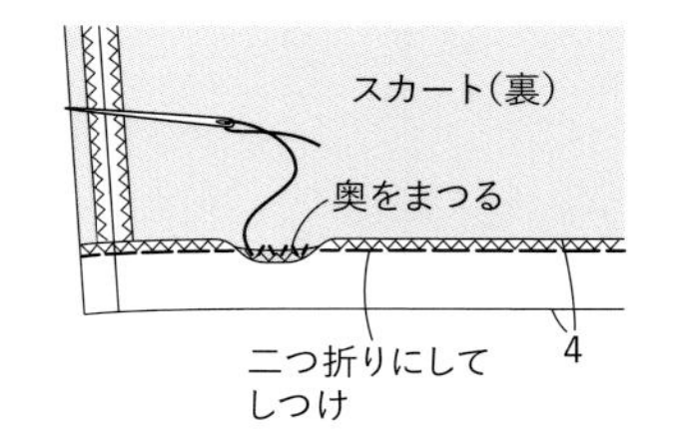

8　ベルトループを作り、つける

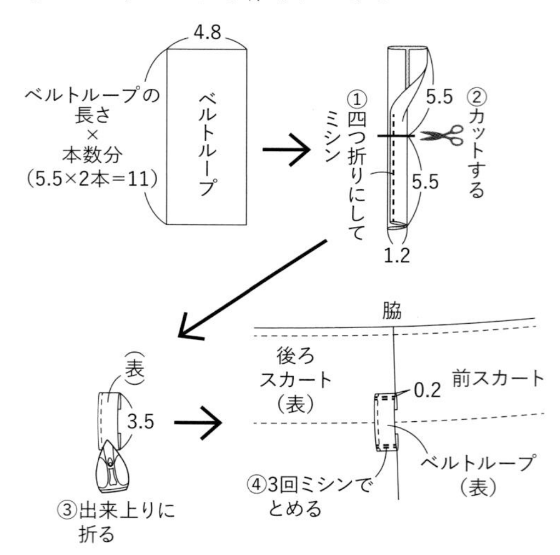

9　ひもを作る

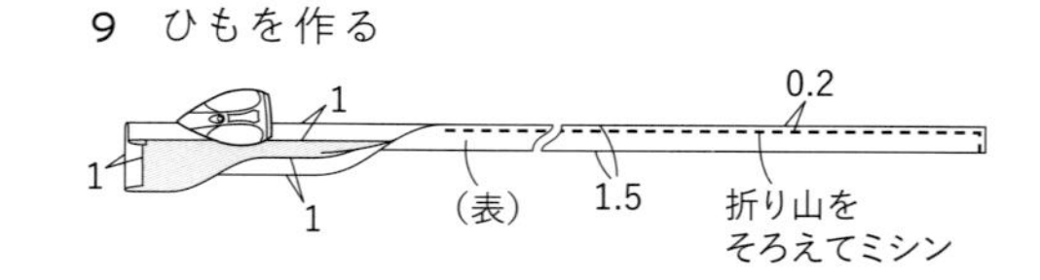

18 カーディガン

P.38 実物大パターンはA、D面

◆ 材料

表布　綿麻ボイルアムンゼン（福田織物）：125cm幅 2m80cm
接着芯：90cm幅80cm
ボタン：直径2.3cm 3個

◆ 作り方

準備

・前見返し、後見返し、後ろベルトに接着芯をはる
・肩、裾、前見返し、後ろ見返しの奥にロックミシンをかける

作り方順序

1 後ろベルトを作る
2 身頃の切替え線を縫う
3 身頃、見返しの肩をそれぞれ縫う
4 袖口にタックをたたみバイアス布で始末する
5 袖をつける
6 後ろベルトをはさみ脇、袖下を続けて縫う
7 身頃と見返しを合わせて縫い返す
8 裾を二つ折りにしてまつる
9 ボタン穴を作り、ボタンをつける

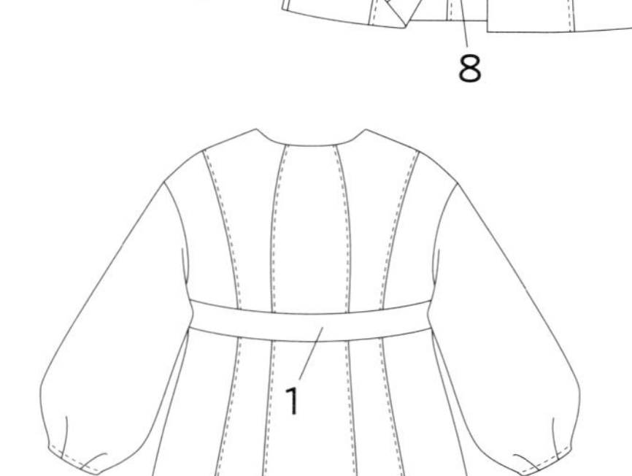

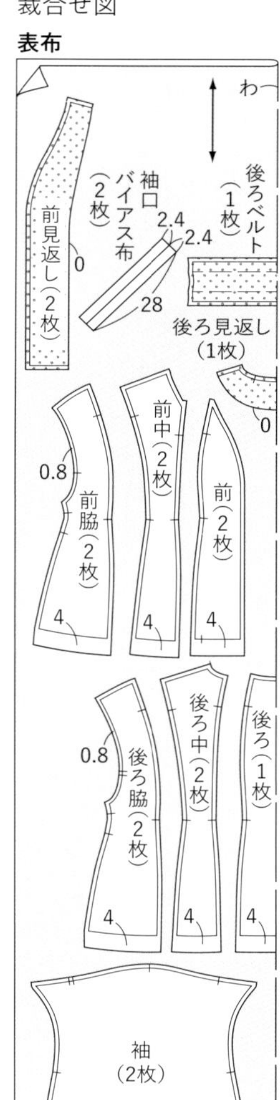

＊指定以外の縫い代は1cm
＊［点模様］は接着芯をはる位置

1 後ろベルトを作る

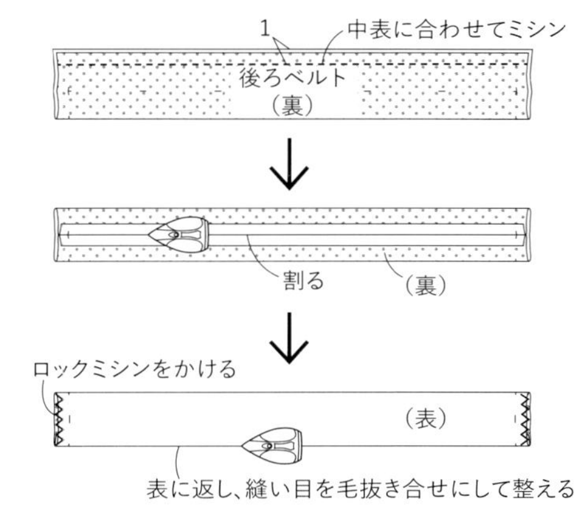

出来上り寸法 （単位はcm）

サイズ	S	M	L	2L	3L
バスト	87.2	91.2	95.2	99.3	103.3
肩幅	52.7	54.2	55.6	57.1	58.6
袖丈	47.3	47.3	49.3	49.3	51.3
着丈	61.7	61.9	62.7	62.9	63.7

＊着丈は後ろ中心の衿ぐりからの長さです

2　身頃の切替え線を縫う
3　身頃、見返しの肩をそれぞれ縫う

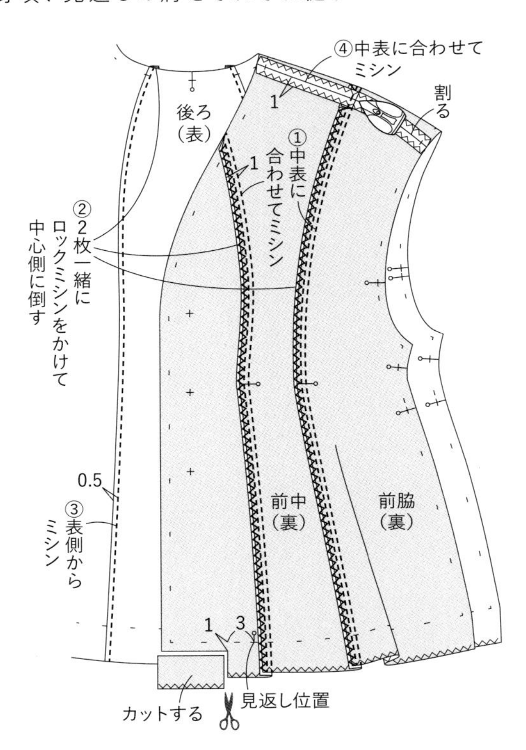

4　袖口のタックをたたみバイアス布で始末する

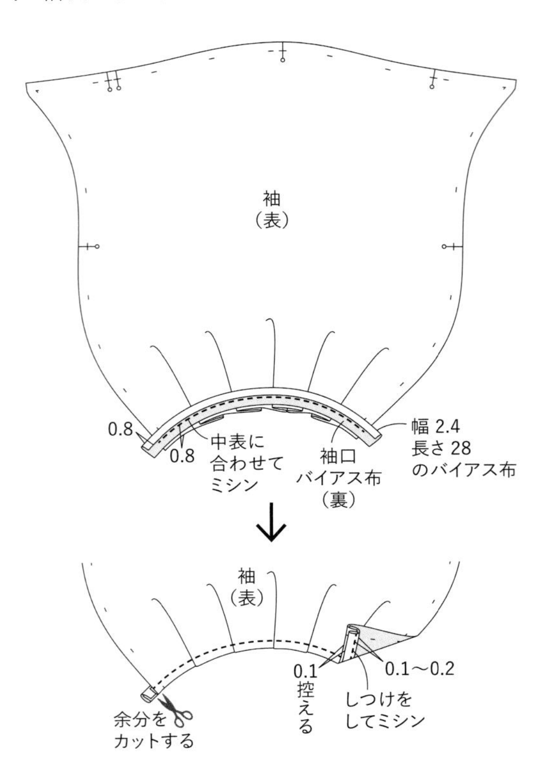

5　袖をつける

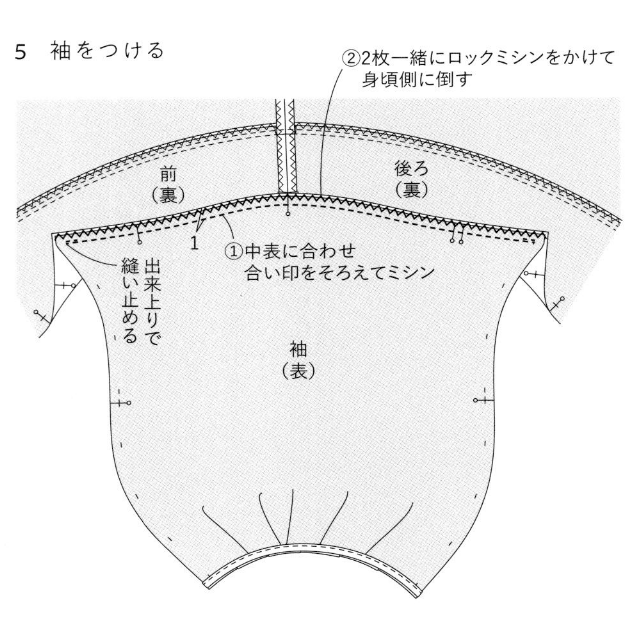

6　後ろベルトをはさみ脇、袖下を続けて縫う

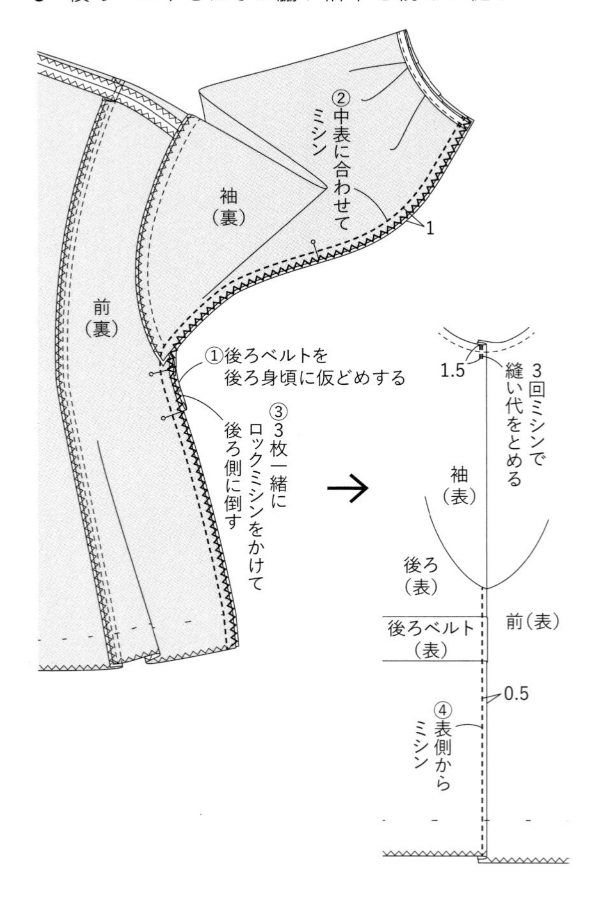

7　身頃と見返しを合わせて縫い返す
8　裾を二つ折りにしてまつる

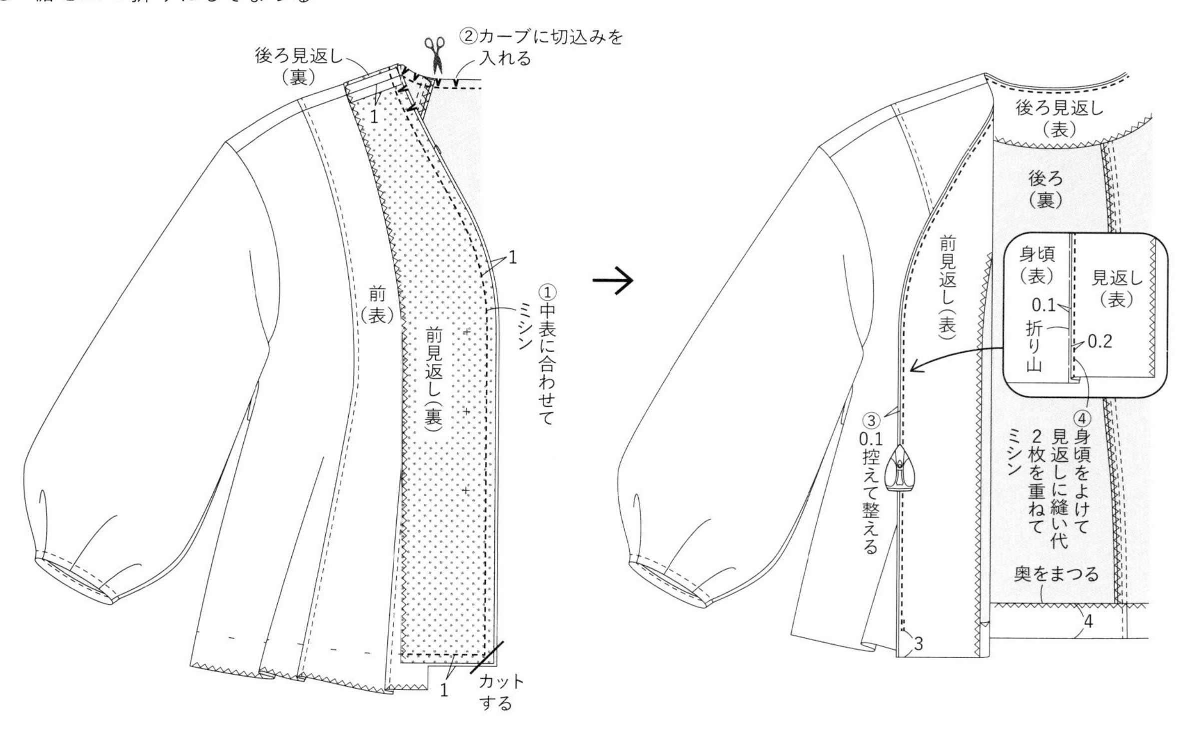

9　ボタン穴を作り、ボタンをつける

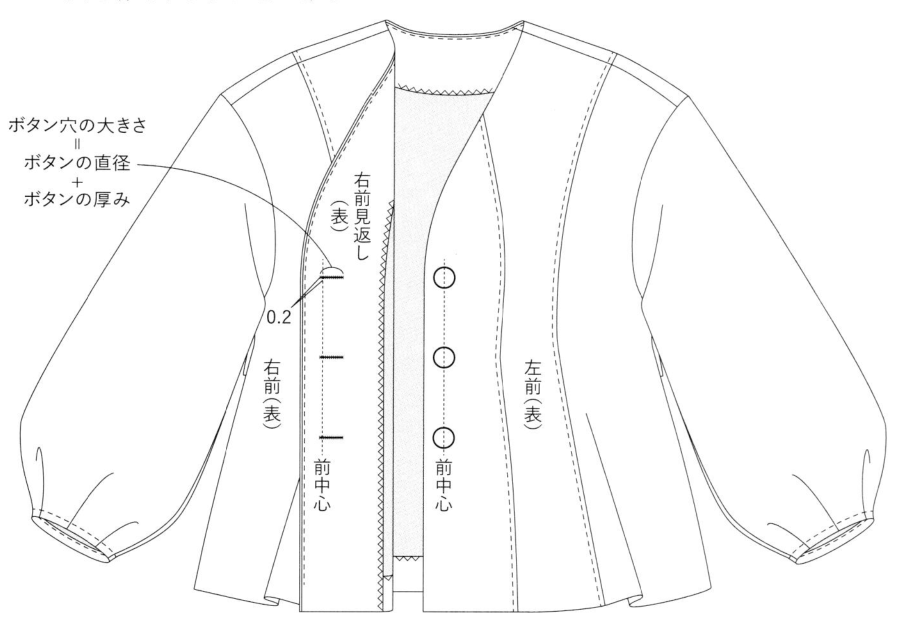

山口智美

TOMOMI YAMAGUCHI

1977年生れ。文化服装学院デザイン科卒業。
1999年、コレクションブランド企画パタンナーとして入社。
パリコレを経験し、出産を機に独立、フリーになる。
冠婚葬祭のデザインドレスを中心に、アパレルブランドの
カジュアルラインまで幅広く対応し、ユニセックス、子ども服、
オーダードレスなどのパタンナーとして活動している。
著者に『大人もときめく愛され服』(文化出版局)がある。

ブックデザイン　関口良夫（salt*）
撮影　前田 晃（MAETTICO）
安田如水（文化出版局/P.2、3、34、45、49、66、67）
スタイリング　若狭惠美
モデル　神山まりあ
ヘア＆メーク　久保フユミ（ROI）
作り方解説　助川睦子
デジタルトレース　宇野あかね（文化フォトタイプ）
CADグレーディング　上野和博
DTP（P.34~79）　文化フォトタイプ
校閲　向井雅子
編集　平山伸子
三角紗綾子（文化出版局）

布地提供

宇仁繊維
https://komon-koubou.jp
(P.8、14 - **03**表布、P.8、19 - **04**表布、P.10、27 - **05**表布、
P.11、25 - **06**表布、P.12、31 - **07**表布、P.15 - **08**表布)

Kion Studio ANNEX
https://www.kionstudio.com
(P.4、6、7 - **01**表布、P.4 - **02**表布)
instagram: @kionstudioannex

葛利毛織工業
instagram: @kuzuri1912
(P.20、25 - **12**表布、P.20、22、23 - **13**表布)

福田織物
https://fukuda.ocnk.net　http://fukudaorimono.jp/
(P.16 - **09**表布、P.11、17、24 - **10**表布、P.4、18 - **11**表布、
P.19、24、32 - **14**表布、P.26、27- **15**表布、P.10、28、30 -
16表布、P.7、28 - **17**表布、P.31、32 - **18**表布)

衣装協力

アテニア tel. 0120-165-333
P.14のパンプス(アテニア)

オプティカルテーラークレイドル青山店 tel.03-6418-0577
P.6、P.30の眼鏡
P.22、P.32のサングラス(オプティカルテーラークレイドル青山店)

garage of good clothing プレスルーム tel.0120-659-591
P.6のTシャツ、P.18のデニム、
P.30のデニム(ガレージ オブ グッド クロージング)

ピーチ tel.03-5411-2288
p.6、P.32のバッグ(ヴィオラドーロ)、
P.12、P.26のバッグ(ニナバッグズ)

マイカ&ディール 恵比寿店 tel.03-6455-0927
P.14のキャップ、P.22のTシャツ(マイカ&ディール)

着回す
セットアップ

2025年1月26日　第1刷発行

著　者　山口智美
発行者　清木孝悦
発行所　学校法人文化学園 文化出版局
〒151-8524 東京都渋谷区代々木 3-22-1
tel.03-3299-2487(編集)
tel.03-3299-2540(営業)

印刷所・製本所　株式会社文化カラー印刷

© Tomomi Yamaguchi 2025　Printed in Japan
本書の写真、カット及び内容の無断転載を禁じます。

■本書のコピー、スキャン、デジタル化等の無断複製は著作権法上での例外を除き、禁じられています。
本書を代行業者等の第三者に依頼してスキャンやデジタル化することは、たとえ個人や家庭内の利用でも著作権法違反になります。
■本書で紹介した作品の全部または一部を商品化、複製頒布、及びコンクールなどの応募作品として出品することは禁じられています。
■撮影状況や印刷により、作品の色は実物と多少異なる場合があります。ご了承ください。

文化出版局のホームページ
https://books.bunka.ac.jp/